高校德育教育与心理健康教育研究

马晨曦　王雅欣　著

中国纺织出版社有限公司

内 容 提 要

"立德树人"是高等教育的根本任务，作为居于高等教育核心地位的高校德育，在全面完成高等教育任务目标中起着至关重要的作用。高校德育是高等教育的重要组成部分，加强高校德育研究是提高高校德育实效、实现高校德育现代化发展的基本要求。大学生心理健康教育就是培养大学生健全的心理素质，使大学生形成较高的智能、完善的人格、良好的适应能力，促进大学生身心健康发展。加强大学生心理健康教育，精心呵护莘莘学子的心灵，不仅是高校政治工作和素质教育的需要，也是当今时代的需要。本书适用于高校德育研究者和大学生心理健康教育研究者。

图书在版编目（CIP）数据

高校德育教育与心理健康教育研究 / 马晨曦，王雅欣著. -- 北京：中国纺织出版社有限公司，2023.9（2024.3 重印）
ISBN 978-7-5229-0951-6

Ⅰ. ①高… Ⅱ. ①马… ②王… Ⅲ. ①高等学校—德育工作—研究—中国 ②高等学校—心理健康—健康教育—研究—中国 Ⅳ. ① G641 ② G444

中国国家版本馆 CIP 数据核字（2023）第 167920 号

责任编辑：段子君　　责任校对：高　涵　　责任印制：储志伟

中国纺织出版社有限公司出版发行
地址：北京市朝阳区百子湾东里 A407 号楼　邮政编码：100124
销售电话：010—67004422　传真：010—87155801
http://www.c-textilep.com
中国纺织出版社天猫旗舰店
官方微博 http://weibo.com/2119887771
北京虎彩文化传播有限公司印刷　各地新华书店经销
2023 年 9 月第 1 版　2024 年 3 月第 2 次印刷
开本：710 × 1000　1/16　印张：10.25
字数：177 千字　定价：99.00 元

前　言

“立德树人”是高等教育的根本任务，作为居于高等教育核心地位的高校德育，在全面完成高等教育任务目标中起着至关重要的作用。高校德育是高等教育的重要组成部分，加强高校德育研究是提高高校德育实效、实现高校德育现代化发展的基本要求。高校德育发展必须进行自身的科学定位，坚持正确的政治导向，坚持以人为本，坚持立德树人，把培育和践行社会主义核心价值观作为中心内容和核心任务，促进大学生全面发展；高校德育发展必须致力于实现自身的理论创新和实践创新，把握新时期高校德育发展的基本态势，通过不断创新德育思维、德育模式、德育平台和德育活动，进一步推动德育工作整体创新，不断提升高校德育的科学化和实效化水平。

近年来，大学生群体中有一部分人在心理上存在不良反应和适应性障碍，大学生心理健康问题已成为各高校政治思想工作者关注的焦点。加强大学生心理健康教育，精心呵护莘莘学子的心灵，不仅是高校政治工作和素质教育的需要，也是当今时代的需要。大学生心理健康教育就是培养大学生健全的心理素质，使大学生形成较高的智能、完善的人格、良好的适应能力，促进大学生身心健康发展。培养大学生良好的心理品质，提高他们的心理调节能力，使他们在日常生活和学习中保持乐观向上的健康心态，不仅是我国德育工作的主要内容之一，也是高校相关工作者进一步有效开展工作的前提。

高等教育的目标是将大学生培养成为自由而全面发展的个体，具体来说，是让大学生成为具有完备的专业结构、个性得到充分发展、人格得以完善的身心健康的人。积极健康的情绪、坚强的意志等都是良好心理素质的重要体现，培养大学生良好的心理健康状态是高校德育的重要内容。思想政治教育对大学生树立正确的世界观、人生观、价值观具有深远的意蕴，而心理健康教育对大学生完善人格、开发心智有不可替代的作用。思想教育是先导，政治教育是核心，道德教育是重点，而心理健康教育作为基础对思想政治教育具有自身独特的价值。良好的德育和心理健康教育不仅关系到他们能否以健康的身心状况适应大学这个小社会，更关系到他们能否以正确的人生观、价值观去面对校园外的大社会，为国家做出贡献，实现人生价值。

著者

2023 年 5 月

目　录

第一章　高校德育功能论

德育功能是德育理论研究必不可少的内容之一。对于德育功能的研究，不仅涉及理论问题，更涉及实践检验的现实问题。对于高校德育功能的理解，会影响人们对高校德育存在的价值和意义的认识。随着我国改革开放的不断深入和社会主义现代化的飞速发展，社会对高校培养的各级各类人才的要求越来越高，不仅在专业技能方面有严格的要求，在职业道德和社会公德方面也提出了更高的要求。因此，正确地理解高校德育功能，既有利于理解高校德育的重要性，也有利于促进学生的健康全面发展。

第一节　高校德育功能概述

一、高校德育功能的科学内涵

德育功能是指德育系统内部各要素之间相互作用，以及系统与环境之间相互作用所产生的结果。德育包括有内部功能和外部功能。德育内部功能是德育系统内部各要素之间相互作用而形成的；德育外部功能则是德育系统与外部环境之间相互作用而形成的。德育功能、德育目的和德育效果所侧重的内容是不同的。德育目的是指“想要德育干什么”，是人们的一种主观期望；德育效果是指德育“实际干了什么”，反映德育的实际结果；而德育功能则是德育“本来能干些什么”，反映德育原本就应该发挥的作用。

受教育者对教育者的作用表现为教育者的为人师表、教育方法的适用等，教育者对受教育者的作用表现为受教育者要积极认同道德规范并严格遵守。高校德育系统与外部环境之间相互作用表现在：政治、经济、文化、社会、生态等外在环境对高校德育系统所形成的影响和高校德育系统对政治、经济、文化、社会、生态等外界环境所产生的作用。高校德育系统对环境的作用所形成的功能，主要包括自然性功能、政治功能、经济功能和文化功能等。高校德育功能就是德育功能在高校这个特定的环境范畴里的界定。其体系中必然存在德育功能原有的本体要素，不过这些要素在高校中会表现出新特点和新规律。

二、高校德育功能的主要特征

高校德育功能会随着德育功能的发展而呈现出新的特征。因此，我们在研究高校德育功能主要特征时，还要结合德育功能的新特点，来加深对高校德育功能的认识。

（一）高校德育功能的特定性和发展性

高校德育功能的特定性集中体现在培养为社会主义现代化服务的高层次人才，以满足社会发展的需要，这是由高校德育功能本身固有的属性决定的。任何事物都是发展变化的，组成高校德育的内容也不是一成不变的，它会随着不同历史阶段的社会思想、道德水平的发展变化而不断变化，高校德育内容的发展必然促使高校德育功能发生变化。

（二）高校德育功能的直接性与间接性

高校德育功能的直接性主要表现在对受教育者个体的影响上，其中包括对受教育者的思想水平、培养目标以及价值理念起直接作用。所谓的受教育者个体，即指大学生，高校德育应着重关注大学生的个体发展，以培养大学生适应社会的能力。而高校德育功能的间接性主要是指高校德育的社会性功能所起的作用，其间接性主要通过社会性功能间接对社会政治、经济和文化起一定作用。具体表现为高校德育通过塑造大学生个人品质、培养优秀人才反作用于社会政治、经济、文化，促使整个社会朝更好的方向发展。

（三）高校德育功能的适应性与超越性

高校德育功能的适应性主要是指适应当今社会发展需要，既符合社会主义核心价值观，又适应现实社会人的需要，高校德育功能的适应性是不以人的主观意志为转移的，而是以当今社会生产力发展要求和高校德育的发展目标为依据的，但仅适应是不够的，必须在原有的基础上实现超越。高校德育功能的超越性是指高校德育在为将来的社会培养有价值的人才，以通过塑造品德来适应未来的跨越发展。正如《学会生存——教育世界的今天和明天》一书中所说："在历史上第一次为一个尚未存在的社会培养新人，是现代德育主导方向。"

三、高校德育功能研究的意义

德育的基本功能在于育德，社会和家庭在培养人的德性的过程中虽然起着重要的作用，但高校是德育工作的主战线，承担着德育任务。要把大学生培养成社

会主义现代化建设所需要的优秀人才，就必须发挥高校德育的重要功能。随着改革开放的深入发展，在新的形势下，研究高校德育功能更具有重要的理论意义和实践价值。

（一）有利于形成具有中国特色的德育理论体系

随着科学技术的迅猛发展和社会实践的纵深推进，把高校德育作为一门科学来研究，是当今时代发展对高校德育提出的新的、更高的要求。德育工作是其他工作的前提条件，德育工作做不好，其他工作都会受到影响，可见，德育工作是非常重要的，而它的强大生命力体现在随着实践的深入而不断发展。“我们说高校德育是一门科学，是说它有独立的研究领域和研究对象，它有科学的理论基础和理论依据，它有自身固有的规律和科学体系，我们有必要把它作为一门独立的科学来研究，逐步建立其科学体系。一门新科学理论体系的形成不是一蹴而就的，需要多方面的艰苦探索和共同努力。”因此，我们研究高校德育功能问题，正是为了更好地形成具有中国特色的德育理论体系而做出的新的尝试。

（二）有利于为社会培养大批“新型”人才

德育是传承人类文明、弘扬社会道德的重要渠道。党的十八大首次提出的社会主义核心价值观，需要通过宣传教育、积极倡导等形式来弘扬，可以说，教育是为了适应社会发展而被认可的一种重要的文化形式。高校德育是教育过程中的一个重要组成部分，高校德育的重要功能就是为满足社会发展的需要，以大学生为教育对象，以大学生应具备的思想理论、道德品质为标准，通过确定课程设置、课程内容以及教学安排和教学方法的选择，将一定的政治思想、社会道德传递给大学生一代，以促使大学生思想政治素质的全面提高，使大学生成为当今社会发展所需要的建设者和接班人，为社会培养大批“新型”人才。

（三）有利于促进大学生的全面发展

所谓人的全面发展，就是按照人应有的本质，以一种全面的方式，也就是说，作为一个完整的人，占有自己的全面的本质。全面发展的内涵随着不同历史时期的发展变化而有所不同，在整个社会历史发展过程中，受社会生产力水平和社会环境的限制，人们的思想往往呈现出片面发展状态。因此，研究高校德育功能有利于引导大学生坚持全面发展观，并为大学生的全面发展提供强大的精神动力和智力支持。一般来说，在社会生活中，一个人的知识阅历越丰富，能力水平越高，对社会的贡献就越大。就个人而言，他的智力所带来的社会价值不仅取决于专业知识和技能，更重要的是取决于政治素质和职业道德水平的高低。意大利诗人但丁曾说过：“一个知识不全的人可以用道德去弥补，而一个道德不全的人却难以用知识去弥补。”在市场经济大背景下，一部分大学生还存在片面的发展观，存在以物质代替精神，或只重物质而忽视精神的现象；存在以科技代替道德，或只重个人成果而忽视社会和谐的现象。高校德育功能的发挥，有利于引导大学生树立科学的发展观，实现个人和社会的全面发展。

总之，高校德育功能就在于人的社会化、人格化，形成一个人的特质，这便是高校德育功能之所在。人需要德，才能改进自我、发展自我；社会需要德，社会生活才能够正常进行。“高校德育对大学生个人乃至整个社会都具有重要的作用。大学生是祖国的未来，是民族的希望，是国家的栋梁之材，要想把大学生培养成对未来社会有价值的人才，就必须高度重视高校德育工作，充分发挥高校德育功能的重要作用。”

四、高校德育功能研究述评

对于德育功能的研究起始于 20 世纪 70 年代末，对德育功能的研究一直以来是德育领域的前沿问题，国内诸多专家学者针对这一问题提出了自己的观点。具有代表性的是我国知名学者鲁洁，她先后在《教育研究》杂志上发表了一系列关于德育功能问题的文章，全面而深刻地论述了德育的功能，形成了较为系统的德育功能观。概括而言，其基本观点是：随着社会历史条件的变迁，在一个充满变革的时期，人们对德育功能的认识有所变化，对于德育的社会性功能的研究，除原本强调的政治功能外，还具有经济功能、文化功能和自然性功能；对于德育的个体性功能的研究，从研究的现状来看，可以发现过去更注重对个体品德发展功能的研究。鲁洁教授的一系列文章激起了学术界对德育功能问题的重视和研究。

进入 21 世纪后，关于德育功能问题的研究仍在继续，而关于高校德育功能的讨论也更加深入。总的来看，目前我国高校德育功能的研究主要从以下几个视角展开。

（一）从传统与现代德育功能的对比角度来研究高校德育功能的内涵

陈明龙在《传统德育功能观的“终结”和新德育功能观的萌芽》中对传统德育功能和现代德育功能进行了深入的探讨。刘恩允则指出德育功能应该具有的作用和意义，并深入分析了传统德育功能观存在的四大问题，即整体功能的夸大化、社会性功能强调功利导向、个体性功能突出工具理性和教育性功能注重智育化。程建平在《现代德育功能论》中先阐释了现代德育功能的内涵，解释了德育的内部功能、外部功能，区别了德育目的（想要德育干什么）、德育效果（德育实际干了什么）和德育功能（德育本来能干什么），分析了德育功能的特点，又阐释了德育功能的系统结构，最后提出了现代德育功能的拓展。综上而言，众多理论研究形成了现代意义上的高校德育功能观，对高校德育功能的内涵也有所界

定，但其内涵会随着时代的变迁发生相应的变化。

（二）从系统论角度来研究高校德育功能的系统结构

檀传宝在《德育功能简论》中提出："德育功能主要包括社会性功能、个体性功能和教育性功能三类。德育的个体性功能、教育性功能的理解和实现应当成为理解高校德育的重要课题。"胡解旺和肖国宁在《论德育的个体价值功能》中提出："从宏观上看，德育的功能有社会功能、政治功能、文化功能和经济功能等诸多方面；从微观上看，德育的个体价值功能最为突出，主要表现为发展功能、规范功能和愉悦功能三个方面。"刘丹娜在《浅谈高校德育的功能》中谈道："高校德育具有导向功能、保证功能和育人功能。"综合以上研究，学界基本达成了共识，即把高校德育功能划分为社会性功能、个体性功能和教育性功能，在社会性功能中区分出政治功能、经济功能、文化功能和自然性功能等；在个体性功能方面，普遍强调个体品德发展功能；在教育性功能上普遍认同教育的育人功能，所有这些功能都将随着社会的变化而发展，其结构也将发生相应变化。

（三）从发展的角度来研究高校德育功能的拓展

郑永廷对高校德育功能的研究较为深入，他认为："高校德育功能正由单一功能向多样功能发展、由再生功能向超越功能发展。"谢廷平在《德育新功能论》中指出："随着信息化时代的到来，德育的社会性功能、个体性功能和教育性功能都有所拓展。基于自然界、社会和人的背景上思考德育的新功能，有助于更好地开展德育实践活动，增强德育的有效性。"余敬阳在《市场经济与德育功能的拓展》中提出："德育具有社会性功能、个体性功能和教育性功能。在市场经济条件下，德育的领域不断扩宽，德育功能全面拓展，重新界定德育功能观已成为时代发展的必然要求。扩展表现在德育功能层面扩展、德育功能方式扩展和德育功能力度扩展。"由此可见，高校德育功能必然会随着德育功能的拓展而不断地拓宽，并表现出适应社会发展的新的特点和规律。

（四）从社会学角度来研究现实社会中的高校德育功能

朱家安在《和谐社会与德育功能》中提出："和谐社会是一个系统概念，它包括了人与人、人与社会、人与自然三个关系系统。德育的个体性功能、社会性功能、生态性功能对构建和谐社会的人与人、人与社会、人与自然的和谐关系不可或缺。充分发挥德育的个体性功能，构建人与人之间的和谐关系；发挥德育的社会性功能，构建人与社会的和谐关系；发挥德育的生态性功能，重建人与自然的和谐关系。"陈燕在《可持续发展下对德育功能的再认识》中指出："从可持续发展条件下对道德的思考着手，探讨德育与个性培养、与自然发展、与生态发展的关系，阐述在可持续发展条件下，对德育功能的再认识，提出德育具有政治功能、经济功能和生态功能。”杨红梅在《论现代媒介环境下高校德育的功能》中提出：“在现代媒介环境下，高校德育的导向功能、中介功能和创设环境的功能显得日益突出。”

总的来说，对高校德育功能的研究已有一定发展并取得一些成果，但这些研究主要集中在理论层面，在实践层面的研究并不多，而且对高校德育功能未做出全面的论述，未能归纳和建构一套完整的高校德育功能体系。另外，对高校德育功能的研究大多集中在高校校园文化的德育功能上。因此，对高校德育功能的研究，无论在广度还是深度上都有进一步探讨的余地。

第二节　高校德育功能系统结构

一、高校德育的社会性功能

德育社会性功能是指德育对社会发展所起的作用，即德育系统与外部环境之间相互作用所产生的结果。高校德育社会性功能则是高校德育系统内部与外界环境之间相互作用而形成的，主要体现为外界环境中的政治、经济、文化和生态直接影响高校德育，其中，当今经济制度、经济发展水平对高校德育起到了决定性作用；政治思想对高校德育起到指引方向作用；社会文化对高校德育起到潜移默化的渗透作用；生态环境对高校德育起到熏陶作用，以上这些社会性功能就构成了一个宏观的德育功能系统。

（一）高校德育的经济功能

德育经济功能是指德育通过教育、引导受教育者的思想水平、道德素质来促进经济发展。生产力水平决定社会经济发展水平，人是生产力中必不可少的关键因素，因此，德育通过引导人的关键因素为经济发展作贡献。总体来看，德育通过教育引导受教育者形成一定的经济道德和价值理念，来指导经济政策的制定和对重大经济问题的决策，为经济发展营造良好的大环境，进而促进整个社会的发展和人们的价值选择。

高校德育的经济功能是通过增强受教育者的思想道德修养、创新精神，以确保当今技术水平向正确的轨道前行；引导受教育者在今后的生活和发展中，不能只片面地追求经济增长而忽视环境保护，培养大学生用可持续发展的眼光看待经济效益，处理好眼前利益与长远利益、局部利益与整体利益的关系，进而全面提升大学生的物质生活和精神生活。

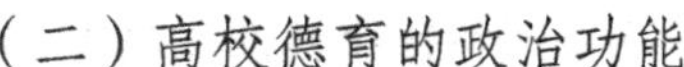

（二）高校德育的政治功能

德育政治功能就是德育通过引导受教育者特定的政治素质和意识形态来促进政治发展。德育政治功能主要在于促进社会公平正义，维护世界和平、团结、合作。但德育的政治功能随着历史的变迁而不断变化发展，社会的经济、政治、文化和生态直接影响德育政治功能的发展。在不同的历史时期，它服务的对象是不断变化的，在阶级社会，为阶级斗争服务，在当今社会，它为当前国家的政治制度服务。高校德育的政治功能是培养受教育者坚定政治方向、发展政治意识、引导政治行动，通过政治引导把大学生培养成为坚持社会主义道路，坚持社会主义法律标准，自觉用社会主义核心价值观要求自己，具备较好的道德品质的社会主义事业接班人。

（三）高校德育的文化功能

德育的文化功能是指德育促使文化各要素发生协同作用，维持原来的文化和内部结构，保持文化具有相对稳定性的功能。高校德育的文化功能则通过创设各种不同文化情境对受教育者进行熏陶，在共同价值规范中培育受教育者适应社会的能力，解决文化冲突的能力；提高文化创造的能力，进而对各种文化思潮进行整合，对文化主体进行改造，增强受教育者的创新意识和创新能力，最终完善受教育者人格，促使其不断发展。

德育的文化功能是德育必须强调的根本功能，德育通过文化功能传授道德价值，传播思想理论知识，传递思想道德信息，进而增强人们相互之间的思想沟通、理解信任和情感交流，从而达到培养人的目的。高校德育文化功能主要体现在通过校园文化的传播，创建一个和谐的环境，来陶冶人们的情操，并通过校园文化、优良学风、人际关系等方式表现出来，使学生自觉或不自觉地受到约束、熏陶和影响，逐步提升和完善自己，在潜移默化中将社会准则和道德规范内化为个人品德。其文化功能对受教育者思想品德的影响是多方面、多角度的，主要表现在以下几个方面。

其一，凝聚激励功能。高校文化强调工作目标与教学目标相一致，强调社会成员的价值观念相统一。高校文化活动的内容十分丰富，方式多种多样，为大学生自我发展及才能展示提供了一个广阔的空间，同时，高校文化还可以激励全体师生积极进取，不断奋进，充分调动大学生自我教育的积极性和创造性，在校园中，要求大学生要自觉树立正确的自我意识，这样才能主动地调节自身的各种活动，使之符合校园文化目标，更好地促进高校育人环境的形成。

其二，规范约束功能。美国教育家杜威指出，教育必须利用环境的作用，离开环境就没有教育。高校文化对大学生具有较强的规范约束功能，它规范大学生的思想和行为，抵制不良思想和行为，促其朝好的方向转化，从而提高大学生思想道德水平。高校文化更多借助灵活多样的文化形式来影响人们的思想和情感，当大学生置身于和谐、舒适的环境学习时，无形中会受到环境的熏陶和感染，自觉地改变自己与环境不和谐的行为。

其三，健全人格功能。健全的人格是大学生品德形成的重要标志之一，对大学生进行人格教育也是高校德育必不可少的一项重要内容。大学生在特定的文化氛围中活动，势必会形成与这一群体相适应的观念和品格。德国教育学家贝尔曾说过："名副其实的教育在本质上就是品格教育。"高校文化对大学生的作用主要表现为人格塑造功能。丰富多样、健康文明的高校文化是大学生个性得到发挥、能力得以施展的平台，在多彩的校园文化活动中，大学生可以充分发挥自己的潜能，体现自己的价值。"作为高校文化建设重要组成部分的大学生社团活动和学生会活动，满足大学生发展的需要，通过参加社团和学生会的各种活动，丰富大学生业余文化生活，同时对健全大学生的人格起到非常重要的作用。"

其四，审美教育功能。审美教育功能通过特定环境及活动开展，以生动、形象的方式影响和教育大学生，帮助大学生树立崇高的审美理想，确立正确的审美观念，培育健康向上的审美能力。"高校校园文化通过陶冶大学生情操，促进大学生品德发展，进而培养大学生正确的审美观点和审美能力。"

（四）高校德育的生态功能

德育生态功能是指德育在保护生态、保护环境中的独特作用。高校德育的生态功能则通过规范高校德育课程设置和开展德育活动，增强大学生环境保护意识，树立正确的生态保护观念，规范自己对待生态环境的行为，增强环保责任意识和使命感。高校德育生态功能具体表现在以下三个方面。

其一，陶冶功能。高校的生态环境能够潜移默化地影响大学生身心发展，进而影响大学生心智的成熟和发展。良好的校园环境、干净整洁的生活环境以及和谐融洽的人际关系，有利于大学生个人气质和健康向上的生活态度的培养，促进大学生不断奋发进取，从而更好地迎接未来的挑战。

其二，激励功能。现如今，很多高校都非常重视校园文化环境建设，除学校必要的建筑设施外，在校园里还设置了很多人文景观，如值得纪念的雕像、曲径通幽的读书亭、清澈见底的湖水等，大学生置身于这样美好的环境中，一方面，身心获得放松，另一方面，也能促使其奋发努力。另外，这些精心设计的人文景观还会在无形中警醒大学生摒弃不良习惯，珍惜当前美好时光，对大学生的健康成长起到润物细无声的激励作用。

其三，养成功能。高校生态环境建设可谓独具匠心，既然我们的教育目的是为社会主义现代化建设培养全面发展的人才，那么，我们就要努力促成受教育者

良好心智品德的养成。“高校生态环境中很多人文景观的设置已经成为一种桥梁，帮助大学生把受到的良好外在影响逐步转化为优良的内在个性品德，从而实现良好意志品格及行为习惯的养成。”校园里经常会见到中外著名教育家、科学家等成功人士的雕像、挂画及名言，这些时刻伴随着青年学子，使大学生时刻能领略伟人不朽的价值，感悟伟人的气魄，为培养大学生自强不息的精神、坚强的意志、仁爱的心理提供良好的环境。

二、高校德育的教育性功能

德育教育性功能，是指德育结构系统内部之间的结构关系，是德育的价值教育属性，高校德育的教育性功能是把大学生塑造成具有健全人格和完整品行的人，首先从教人做人的德育理念出发，最终实现教与学、学与用相结合。概括来说，高校德育的教育性功能主要体现在以下几个方面。

（一）高校德育的目标导向功能

高校是为国家培养专业人才的重要场所，其中心任务是培养社会主义现代化建设所需要的优秀人才。高校德育目标在德育活动中具有重要作用，德育目标贯穿于德育活动的全过程。德育目的是引导大学生的思想和行为向积极方面发展，以达到社会预期设计的要求。首先，作为高校德育的主体——大学生，具有“心理不成熟、行为个性化、易受外界影响”的特征，必须用先进的思想和正确的意识形态对大学生进行价值理念的传授。其次，随着改革开放和社会主义现代化建设的发展，出现了各种各样的文化现象，其中不可避免地夹杂着一些“不良的、腐朽的”文化成分，而处于价值观形成期的大学生对这些文化缺乏准确的判断能力，容易误入歧途，因此，我国高校德育建设要明确目标，一是要坚持社会主义的办学方向，以习近平新时代中国特色社会主义思想为指导，努力为社会培养更多优秀人才。二是要坚持以社会主义核心价值观为指引，充分利用高校德育的目标导向功能，将符合社会发展的正确的价值观融入高校德育建设中，将在校园内形成正确的价值导向，使广大学生在高校文化的熏陶、影响下，形成符合社会发展的正确价值观。三是坚持爱国主义的高尚情操。以理想信念教育为核心，弘扬时代发展主旋律，倡导爱国主义、集体主义、社会主义价值观念，引导大学生树立远大的政治理想，形成正确的道德观、价值观。

（二）高校德育的规范约束功能

高校德育的教育性功能是高校在长期的教学实践中形成的行为规范，具有指导和约束的功能，对大学生的行为具有普遍的约束力，但高校德育的规范约束功能，不同于法律、纪律等其他社会约束手段，它通常通过校园所制定的规章制度

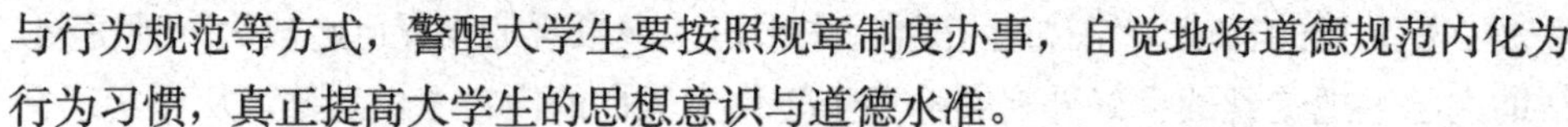

与行为规范等方式，警醒大学生要按照规章制度办事，自觉地将道德规范内化为行为习惯，真正提高大学生的思想意识与道德水准。

（三）高校德育的育人开发功能

高校德育的育人功能，是指通过提高大学生的思想道德素质，完善大学生的世界观、人生观和价值观，树立自己的人生目标，实现完善大学生的人格。

高校德育的开发功能，是指通过德育，使大学生充分发挥其主观能动性，并充分调动其内在潜能。高校德育通过以理论、知识为载体，开辟、扩展课堂教学，激发大学生的积极性、主动性和创造性，积极开展形式多样的活动，充分发挥大学生的优势和特长，使大学生既学习知识，又提高思想道德情操。

（四）高校德育的教育与自我教育功能

高校德育的教育功能，主要体现为显性教育功能和隐性教育功能两种。显性教育功能是高校通过课堂教学和教育实习等环节，对受教育者的思想认知和行为模式进行有计划、有目的的培养和锻炼。高校德育发挥其教育功能时，教育者和受教的大学生是相互促进、共同融合的状态，开展校园教育的过程，实际上就是大学生自我教育、自我提高、自我完善的过程。高校校园德育活动的开展需要大学生积极主动地参与其中，同时，也为大学生进行自我教育和自我管理提供了良好的平台和空间。人是教育的载体，又是教育的主人，在高校校园生活中，每个人都是受教育者，同时又是教育者。大学生通过社团开展内容丰富、形式多样的活动，一方面，丰富了大学生的精神生活，发展了大学生的个人潜能，使大学生在这种健康向上的环境和氛围中受到潜移默化的熏陶和感染；另一方面，有利于增强大学生的成才意识，并为大学生自我教育和自我发展创造了有利条件。

三、高校德育的个体性功能

德育个体性功能是指德育对受教育者个体发展所产生的实际影响。高校德育的个体性功能是德育在较高发展阶段所表现出来的对受教育者思想道德素质的形成和培养，使高校德育真正成为促进人全面发展的教育。主要通过道德需要的直觉、道德情感的培养、道德行为的养成来影响个体思想道德素质，进而促进个体的成长和发展。概括地说，高校德育对个体具有生存、发展和享用三方面功能。

（一）高校德育的个体生存功能

高校德育的最根本目标是赋予每个大学生以科学的价值观、道德原则和行为规范，这些观念、原则、规范看起来是约束个体的异己的理念，然而正是这些

异己的理念才能够促使大学生在现实生活中生存下去，同时，也因为个体具有充分的社会性，才能秉承社会赋予他的力量，最大限度地完成既定目标。在个体社会化的过程中，高校德育通过促进和培养大学生个体自我意识，使其个体自我意识与现实社会均衡发展，进而达到认知、情感和行为相统一，形成正确的道德观念，确立健康的道德标准，提升个体生存质量。

（二）高校德育的个体发展功能

高校德育个体发展功能是高校德育对个体品德结构发展所起的作用。品德结构主要包括伦理规范、道德原则和价值观，高校通过德育接受和选择社会价值并把文化上得到公认的思想、情感和行为内化为个体道德品质。当大学生个体品德建构过程中缺乏方向指引时，高校德育应充分发挥导向机制，保证大学生品德沿着正确方向发展；当大学生个体品德社会化过程中与现实发生冲突时，高校德育应发挥调控机制，帮助大学生构建一个结构合理的道德知识系统，实现道德原则和道德规范协调发展。

（三）高校德育的个体享用功能

高校德育个体享用功能就是高校德育能使每个大学生实现其自身发展的某种需要，并通过习得知识和实践体验，获得思想上和精神上的满足。高校德育的个体享用功能使得大学生在实践锻炼中形成良好的品德，一方面，它使大学生个体与周围环境和谐发展，形成良好的人际关系，适应社会发展需要；另一方面，高校德育通过知识传授和信念教育，使大学生获得良好品格和正确的价值理念。把美好世界展示在大学生面前，使他们充分享用它，逐渐培养大学生以一种审美眼光瞰视人生，并从中获得审美的愉悦。

第三节　高校德育功能的现状与发展趋势

一、新时期高校德育功能的发展状况

新时期高校德育功能的发展是对以往高校德育功能的有机继承，在德育功能体系中仍然存在其原有功能的本体要素，这些要素在现代社会中均有效发挥着各自的作用，但在新时代背景下表现出了新规律和新特点。随着德育领域的发展，德育功能不断拓宽，高校德育功能自然会有新的发展。

（一）高校德育功能层面发展

高校德育在功能层面上表现为促进个人和社会两者发展。以往高校德育功

能观点经常把这两个方面对立起来，分解了高校德育功能系统结构，使这两方面无法形成一个整体，导致高校德育部分功能逐渐弱化。例如社会性功能只强调政治、经济两个方面，个体性功能只重视知识的掌握和行为的养成，人与社会的发展失去了更重要的价值。“新时期高校德育功能层面不断扩宽和发展，如社会性功能表现为对经济、政治、文化、科技、军事等社会生活方方面面发生作用，并对自然界产生影响；个体性功能在于促进人身心健康发展，促进人道德观念、价值标准、行为方式的形成，教给人生存本领和乐生途径等。”因此，新时期高校德育必须建构系统化的新功能结构观。

（二）高校德育功能方式发展

以往高校德育功能实现方式相对单一，在社会发展方面只片面地强调“维持”和“适应”，在人的培养方面局限于道德教化、思想灌输，这实质是低层次的德育。高校德育新功能必须使德育抛弃陈旧的教化、灌输、维持等方面的传统教育方式，走出墨守成规和本本主义的误区，以突出新时期高校德育的独立意识和主体地位。

（三）高校德育功能力度发展

以往高校德育在功能力度方面，其本质认识基本停留在教化、适应、维持功能上，其特点具有明显的封闭性和滞后性。新时期高校德育要实现对学生的人格培养，成为新时期两个文明建设的重要手段，必然体现其开放性、超前性和预见性特点。高校德育决定着学生个体的发展方向、潜力的发挥效果以及人格的完善程度，也间接决定着社会生产力发展水平和人类文明程度等，这是新时期高校德育功能力度的新发展。

二、高校德育功能发展中存在的问题

综观高校德育功能观，可以发现，高校德育功能观更多的是从高校德育的工具价值、道德的外在超越性、高校德育的社会改造作用出发来阐述高校德育功能的，带有极强的“工具理性”色彩，因此存在诸多问题。

（一）高校德育功能不能及时应对市场经济的挑战

随着社会的发展，适应市场经济发展的道德体系正在逐渐完善，但受到西方价值观念的冲击，人们的思想发生了一些变化，如拜金主义、享乐主义等思想影响着人们，也对大学生的思想造成一定的影响。市场经济从本质上来讲应该是以契约为基础的信用经济，但在社会主义市场经济发展过程中，以“利”为目的主导一些人的行为和观念，受到有些媒体和网络言论的偏激影响，误导了

大学生价值取向，甚至失去了对理想信念的追求，反而形成了盲目追求不劳而获、一夜暴富的错误价值理念。这需要高校德育教育者及时了解大学生心态的变化，结合当今社会发展规律和大学生思想观念的变化，及时调整教育理念和方式，通过正确的价值理念的宣传和引导，帮助大学生树立正确的世界观、人生观、价值观。

（二）高校德育功能忽略大学生个性化的发展

大学生的个性化发展是时代发展不可逆转的趋势，大学生的个性化发展直接导致高校德育的个体差异性。当代大学生社会生活经历比较简单，缺乏社会实践经验，遇到问题容易冲动，缺乏理性辩证看问题的能力，容易将他们在日常生活中发现的一些不良社会现象看成整个社会发展的主流，以偏概全，判断事情时出现偏差，从而做出背离社会道德准则的错误行为。他们在享受良好教育的时候，也存在以自我为中心，对社会赋予的历史重任不明确，没有认识到自己是民族的未来、国家的栋梁，对国际、国内的形势了解不深，把个人的利益放在首位，只考虑自己有哪些权利，极少考虑自己应该履行哪些义务。怎样使高校德育对大学生的个性化发展起到良好的引导作用，使大学生适应时代发展的要求，这需要高校德育在实践中不断探索新的经验，总结实践经验，正确引导大学生健康发展。

（三）高校德育的实际地位制约着高校德育功能的发挥

高校德育的重要性，无论从历史的角度还是当代来看，都是毋庸置疑的。我国古代教育，主要注重培养人的德行，教育内容也主要围绕道德而展开。进入21世纪以来，从国家的各项方针、政策的表述中可以看到，高校德育的地位很高，甚至被提到了“首位”的高度，但实际地位并非如此。

首先，从政治价值出发，国家要求把高校德育放在学校教育的首位。德育的本质功能应该是育德。但“从逻辑上讲，高校德育的首要功能并非政治，而是文化”。在现实的高校中，德育对于其他各育的“首位”实际上只突出了高校德育的政治功能，是国家政治对教育干预的结果，是高校德育工具价值的具体体现，使高校德育失去了内在价值和目的价值，导致其他功能被忽视，成为目中无“人”的教育，甚至高校德育被思想政治教育所取代，最终成为脱离个体道德培养的德育，就成了没有根基、难以立足的“首位”。

其次，高校德育被边缘化造成高校德育地位的衰落。高校德育课形式上按计划进行，但很多高校实际对德育课的规划缺乏系统性，通常根据教师和大学生个人意愿，想讲什么就讲什么，大学生更是如此，想听就听，不想听就不听，有的学生甚至认为德育课对将来找工作没有帮助，还不如多学一下专业知识。可见，高校德育已被边缘化了，表面上高校德育工作开展得很热闹，而实际上很多德育课就是为完成一定量的教学任务而已，并没有发挥应有的作用。

三、高校德育功能发展中存在问题的原因探析

高校德育是对大学生进行思想教育的主渠道。随着当今社会的不断发展，现今大学教育的环境发生了一定变化，大学生的思想状况也受到诸多因素的影响，使得高校德育功能在发展中存在一定问题。在当前新形势下，如何更好地发挥高校德育功能就成为高校德育工作所面临的突出问题，需要从以下几个方面来探讨。

（一）来自社会的影响

目前，我国正处于三期叠加的关键时期，随着社会的快速发展，与市场经济相适应的道德体系正在逐步建立中，市场经济中的一些负面状况依然存在，各种思潮不断涌现，这些都将成为阻碍高校德育功能发挥的因素。

其一，市场经济的负面影响 。市场经济的冲击和影响，给高校德育带来诸多现实问题和挑战。一些大学生的价值观发生动摇，价值理念发生改变，很多大学生片面认为，市场经济最主要的目的是追求利益最大化，市场经济的发展刺激了人们对物质利益的追求，使很多大学生把片面追求所谓最大化利益当作自己做事的最终目的，进而淡化了道德意识，只讲索取，不讲奉献。这些价值观念显然与高校德育的培养目标相背离，极大地阻碍了高校德育功能的发挥。

其二，社会就业形势严峻的影响。社会主义现代化发展过程中面临一些困难和问题，大学毕业生就业形势越来越严峻，目前招工用工中重人情轻能力、看文凭不看水平等，社会流行的“毕业就是失业”“读书无用论”等思想对在校学生造成了不良影响。

其三，受西方社会思潮的影响。随着国际间交往和合作的密切，西方社会各种思潮传入我国，并对当今社会产生了一定的影响。但由于大学生社会实践经验尚浅，对一些外来错误思想缺乏基本的识别能力，错把糟粕当精华，全盘拿来，全盘吸收，结果导致盲目崇拜西方社会和某些思想家，从而失去了本来应有的道德标准和价值观念，进而影响了他们的价值选择和行为方式。还有一些大学生抱有侥幸心理，渴望一夜暴富，将拜金主义、利己主义当作人生的最高目标、生活的最高境界，以此来显示自己的价值和地位。

（二）来自学校的影响

目前，我国正处于社会转型期，市场经济机制还在不断发展、完善，少数人通过欺诈方式获取不当利益，市场主体往往会做出与主导价值观念相悖的选择。人的思想、观念的形成是外部客观环境影响的产物，学校不是世外桃源，受其影响在所难免，因此，面对市场经济中存在的多种新情况和新挑战，学校在德育功

能的发挥上也存在一定问题。

其一，在教育方向上，很多学校过于重视智育的发展，也就是只看重成绩，对学生如何做人关注较少。还有很多学校仍然难以走出以“成绩”为主、“德育”为辅的应试教育误区。清华大学胡显章教授认为：“过去大学对学生是在成绩方面抓得很严格，提出了种种要求，但对学生如何为人则很少去管。”李开复博士认为：“中国学生最缺乏的素质就是诚实正直。”实际上，从小学教育到大学教育，都轻视德育教育，有些学校对学生品德教育更是停留在口头上，很少付诸实践，学校更关心的还是升学率，衡量学生与教师的标准都是分数，认为只要学习成绩好，其他都是次要的。

其二，在教育内容上，课程设置不够科学，缺乏一定的吸引力。教育内容的设置必须具有科学性才会有吸引力。可是，一些学校没有明文规定德育应该包括哪些内容，很多教师认为德育都是政治理论课教师的任务，和自己没有太大关系，以至于在课堂教学过程中只注重知识传授，不注重学生品德行为的培养，即使是对学生进行德育，也是说教成分居多，不考虑学生的实际情况进行理论灌输，德育难以取得应有的效果。

其三，在教育方法上，学校教育方法过于单一，更多以说教为主。德育工作不是一项简单的工作。在当今社会，广大教育工作者必须下大力气、全方位、多角度进行教育，而不能只按照过去单一的说教方式进行。可是，一些德育工作者仍然采用简单机械的方法开展工作，不考虑学生的实际情况，只是千篇一律的道德说教，使得德育缺乏吸引力，学生感到德育课枯燥无味，引不起学生的重视，更达不到教育的目的。

（三）来自家庭的影响

英国资产阶级教育家洛克认为，早期家庭教育对人一生的成长有极大的影响，我国教育家陶行知也说过，凡人生所需之重要习惯、倾向、态度，多半可在六岁以前培养成功，若培养不好，习惯成了不易改，倾向定了不易变。家庭是大学生成长的港湾，家长是孩子的第一位老师，也是孩子的终身教师。据调查显示：在人一生所受的教育中，家庭教育的影响占75%。大学生的道德品质在形成过程中，家庭教育至关重要，家长的认知和行为对孩子起着潜移默化的作用，但是由于各种原因，很多家长在教育孩子的时候存在很多问题。

其一，部分家长教育观念淡薄，对子女要求苛刻。在激烈的社会竞争面前，再加上受应试教育的影响，一些家长在教育子女的时候，只关注成绩的好与坏，分数的高与低，家长始终把考上好大学、找到好工作作为衡量他们优劣的唯一标准，认为成绩好才是硬道理，完全忽视德育的培养，认为德育品质会随着年龄的增长自然而然形成，根本没有意识到从小的品质培养对将来乃至一生都有重大影响。还有一些家长认为子女“不打不成才”“棍棒底下出孝子”，这种错误的教育观念严重伤害了子女的自尊心，不利于良好行为习惯的养成，甚至导致子女养成经常说谎的坏习惯，不当的家庭教育，往往促使其形成任性、自私自利、失信的不良品格。

其二，部分家长缺乏责任感，对子女溺爱。一些家长全身心投入自己的事业中，全然不管子女，任其“自由发展”。有些家长自身缺乏模范行为对子女的引领作用，在教育过程中，为了让子女听话，常以给好处等方式让子女听从自己的教导，但却常常不兑现诺言，对子女灌输“作假”的行为示范，给子女树立了坏榜样，灌输了不良意识，影响了他们对是非对错的判断。还有的家长溺爱子女，犯了错误也不及时批评指正，甚至无原则地满足子女的一切要求，使得一些子女认为父母做的一切都是理所当然的，形成了“目中无人”的个人利益至上的信念，说话做事缺乏责任感。

总之，要增强高校德育功能，需要家庭、学校和社会的共同努力，因此可以说，这是一项长期的、复杂的系统工程，不能一蹴而就，也不能各自为政，需要投入大量的时间和精力去深入研究，更需要我们改变传统的思维模式，用创造性思维去思考高校德育功能如何更好地发挥应有的作用。

四、未来高校德育功能的发展趋势

随着社会主义现代化的快速发展，特别是现代科学技术的飞速发展，高校德育功能的发展呈现出新的趋势，如何提高高校德育的育人水平，把握高校德育功能的发展趋势，进而推动整个社会发展，具有重大而深远的意义。

（一）高校德育功能的现代化发展趋势

现代化是指在当今的现实社会，人类活动特点、发生、发展过程，现代化是一个发展的过程，也是创造现实的活动，现代化是当今世界的发展趋势，国家和所有社会人本身也必将走向现代化。高校德育功能的现代化是一个全面而深刻的变化过程，高校德育功能的现代化发展趋向主要表现在以下几个方面。

1. 高校德育功能观念的现代化

高校德育功能观念的现代化作为高校德育现代化的一个重要前提条件，必然影响其他因素的现代化，高校德育功能作为一种有意识、有目的的社会实践活动，更受制于思想观念的变化。传统的、固化的德育体制和德育方式往往会对当前的高校德育功能产生不良影响，使当前的教育者按照过时的、保守的思维方式进行教育，这势必会使高校德育蒙上保守色彩，所以，高校德育功能要想实现现代化，必须突破传统的德育观念的束缚，实现德育观念的现代化。

2. 高校德育功能内容的现代化

高校德育功能内容的界定必须体现和反映当今时代的特点，高校以什么样的

内容来开展德育，对德育活动效果的实现具有决定作用。因此，高校德育功能内容的现代化是必须研究的重点，也是整个高校德育功能现代化的核心。我们不能执意将传统内容作为德育内容的核心，更不能只讲现代不讲传统，而应将优秀的传统内容与实际相结合。提出新问题，解决新问题，同时，还应该选择将实际生活中常常发生的问题作为主要内容来开展德育，选择适合当代大学生实际生活的现实实例，通过展现实例的内在价值来感化大学生、激励大学生，以达到最佳效果。

3. 高校德育功能手段的现代化

高校德育功能手段是在德育过程中，教育者与受教育者传授和接受的方式。高校德育功能手段的现代化，就是运用高科技技术改变过去传统德育传播方式，通过贴近实际的、多样化的传播方式和手段来实现高校德育最优化。高校德育功能手段的现代化已经成为整个高校德育功能现代化的推动力量。传统的德育功能手段单一、方法单调，已经与现代发展不相称，因此，要实现高校德育功能手段现代化，需要借助现代科学技术来实现。

（二）高校德育功能的社会化发展趋势

高校德育功能在实现现代化的发展过程中，必然要面向社会、面向未来，它不可能孤立存在，因此，它必然具有社会化发展趋势。高校德育功能要想适应现代化与信息化社会的发展，就要不断提高适应社会化程度，改进和发展社会化方向。

1. 高校德育功能必然要立足社会而发展

高校德育功能只有融入社会生活的各个领域，使之成为社会生活必不可少的组成部分，才能发挥应有的作用。高校德育功能在新的历史条件下，要努力避免理论与现实脱节的不良倾向，改变理想与现实工作脱节的现象，这是德育功能社会化的必然需要。

2. 不断提高高校德育功能的适应性和平等性

要积极建立教育者与受教育者之间的双向平等的德育模式，改变不平等现象，教育者要不断提高自身修养，结合社会实际情况，开展德育活动，帮助受教育者提高适应社会的实践能力，自觉进行自我完善、自我提高，使德育内化为每个人的自觉行动，使德育功能成为每个人自觉关心和参与的活动，只有这样，高校德育功能才能真正发展成为社会化德育。

（三）高校德育功能的学科化发展趋势

高校德育功能面对理论方面和实践方面的新要求和新期待，要解决这些新问题和新要求，达成预期目标，其现实选择必然要实现学科化。所谓高校德育功能学科化，就是要把高校德育功能的研究领域、研究内容和研究方法等现实问题纳入高校德育功能学科研究的范围，形成科学系统的高校德育功能的理论体系和分支学科体系，使高校德育功能真正发挥作用。在新的形势下，高校德育功能学科化发展呈现出以下趋势。

第一，与人文社会科学相结合的发展趋势。我国的高校德育作为人文社会科学发展的一个重要分支，已经形成了自己的理论系统与发展体系，任何事物都不是孤立存在的，高校德育也是如此，其综合性和适应性的特点，必然决定其与相关学科之间存在一定的交叉，因此，高校德育功能需要研究人文社会科学发展的新趋势和新规律，了解相关学科最新研究成果，及时充实和丰富自身的发展，才能真正发挥德育应有的功能，在学科竞争中精益求精、立于不败之地。

第二，与现代科学技术发展相结合的发展趋势。现代科学技术不但为高校德育功能提供了现代化的技术手段和实现条件，同时要求高校德育功能必须适应现代化的时代要求，可以说，现代科学技术已经融入现实生活和工作的方方面面，我们当今的生活和工作已经离不开现代科学技术，高校德育同样如此，不能脱离现代科学技术而存在。用现代科学技术变革传统德育功能方法和手段，已经成为德育功能学科发展的重要内容，因此，在高校德育过程中，不能局限于传统高校德育功能的灌输式教育，而应强调注重与现代科学技术相融合的发展趋势，运用高校德育功能的方法和手段的现代化，追求其高水平和高效率，创造出新的教育感化力量，营造富有时代气息的育人环境。

第二章　高校德育内容论

高等学校德育内容是高等学校完成立德树人根本任务的载体，体现了德育的目标和德育的性质，决定了德育的方向。德育内容的选择及体系的建构必须以科学发展观为指导，紧扣时代脉搏，依据德育目标和教育对象思想政治品德发展的一般规律，在服务德育实践的过程中拓展新内容，在丰富教育对象精神世界的历程中开启新思路，在探索社会主义核心价值观培育长效化、常态化、科学化的进程中实现常变常新。

第一节　高校德育内容概述

一、高校德育内容的含义

近年来，德育理论界关于德育内容含义的研究此起彼伏。专家学者主要从教育学、德育学、思想政治教育学以及伦理学等不同学科、不同视角对其进行了比较深入的研究，根据目前掌握的资料，主要有以下几种。

学者张忠华以为："德育内容是形成和发展受教育者做人素质的政治观点、思想观点和道德行为规范体系的总和，是实现德育目标的中介和重要依托。德育内容既是一定社会价值体系传递与创生、实现个体道德社会化的重要途径，也是个体进行道德学习、掌握道德规范、提升个体德性的重要依据。"学者班华认为："德育内容是指用什么样的社会政治观、世界观以及用什么样的道德准则去培养青年一代的问题。"他将德育内容的含义界定为："德育内容是德育目标的体现，是按德育目标要求，或者说为实现德育目标而用以教育学生的思想、政治、道德方面的知识、理论、思想、观点、准则、规范等。"学者胡厚福则对德育内容的含义进行了这样的阐述："德育内容是用以形成人们品德的社会思想政治准则、法纪道德规范和宗教戒律的总和。在社会主义社会，德育内容是用以形成人们社会主义品德的社会主义思想政治准则和法纪道德规范的总和。"学者檀传宝也对此进行了相关论述："德育活动所要传授的具体道德价值与道德规范及其体系就是德育内容。”詹万生教授认为：“德育内容体系是指按照德育目标要求确立的，用于教育受教育者的一定的道德规范和政治、思想观点及其思想体系。”

为使高校德育内容的研究沿着正确的轨道发展，并使德育内容体系在探索研究中不断完善，本文在国内学者研究的基础上，将高校德育内容定义为：依据高校德育目标，用以传授与教育大学生关于思想政治教育、道德法纪教育、素质教育等方面的理论、观点、知识、准则，培育大学生形成良好道德品质的运作体系。高校德育的核心内容是思想政治教育，它以理想信念教育为核心，以爱国主义教育为重点，以基本道德规范为基础，以大学生全面发展为目标导向，构成德育内容要素之间相互衔接、功能互补，并与德育目标紧密契合的理论知识与实践运作体系。

二、高校德育内容的构成要素

（一）政治教育

我国高校的政治教育是体现社会主义制度的并有别于其他国家高校德育的特色性方向性内容，是以马克思主义基本理论教育、中国特色社会主义理论教育、爱国主义教育、基本国情教育、党的路线方针政策教育为重点的政治理论教育。爱国主义教育是弘扬民族精神和光荣传统、热爱伟大祖国、增强自强自尊意识、践行中华民族伟大复兴使命的教育，是热爱社会主义、坚决拥护党的路线方针政策的政治态度与政治立场的教育。政治教育对帮助和促进大学生树立马克思主义的政治信仰，形成鲜明的爱国、爱党、爱社会主义的政治立场和政治觉悟，增强社会责任感与公民意识、社会主义可靠接班人意识，确立人生成长和发展的奋斗方向具有极为重要的意义与作用。

（二）思想教育

思想教育是高校德育的主导性内容，受我国德育传统和社会主义政治文化的影响，思想教育一般和政治教育结合在一起，约定俗成地形成“思想政治教育”概念。中国古代儒家的“修身、齐家、治国、平天下”“为天地立心，为生民立命，为往圣继绝学，为万世开太平”，就蕴含着个人思想道德价值与社会政治理想的和谐统一的思想。仅就当代中国高校的思想教育而言，其是以理想信念教育为核心的世界观、人生观和价值观教育，即所谓“三观”教育。“三观”教育，就是以马克思基本理论为指导，引导和帮助大学生正确认识社会发展规律，深入理解人与人、人与自然、人与社会的关系，培育确立对社会主义事业的坚定信念、实现中华民族伟大复兴的坚定信念及马克思主义的坚定信念；增强理论思维

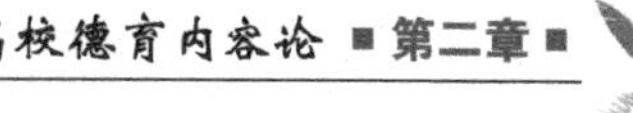

能力，弘扬科学精神，培养人文精神，塑造理想人格。

（三）道德教育

思想道德建设是社会主义精神文明建设的核心内容，集中反映社会主义基本制度的本质要求。中共中央、国务院于 2019 年 10 月印发了《新时代公民道德建设实施纲要》（以下简称《纲要》），“以为人民服务为核心，以集体主义为原则，以爱祖国、爱人民、爱劳动、爱科学、爱社会主义为基本要求，……要把社会公德、职业道德、家庭美德、个人品德建设作为着力点”，从“个体”的角度提出了我国公民的基本道德规范。《纲要》的颁布对全社会大力加强公民道德建设具有重要意义。依据《纲要》精神，高校道德教育的视角在于：实施行为规范的教育，内化道德规范，形成道德观念，发展道德判断，培养道德情感，养成道德行为，提高道德素质。

古今中外的道德教育由于受社会制度、价值观念、民族传统、宗教信仰、历史文化背景等因素的影响而存在很大的差别，但从全人类的角度看，在健全人格、意志品行、公民行为、社会责任等方面的道德教育也有其共性特征，同时道德教育的规律必然能体现国情、地域和民族的特点与特殊规律。在我国，道德教育有优良和悠久的传统，而现代的道德教育正与政治思想教育、法纪教育、心理教育紧密衔接并相融，对大学生良好道德品行的形成发挥着重要的作用。

（四）法纪教育

将法纪教育列为高校德育内容的重要组成部分，主要源于：①社会主义市场经济体制的建立和发展呼唤公平与效率、民主与法治观念与之相适应；②随着经济全球化和“中国制造”走向世界，需要用法律武器维护公民的合法权益；③建设社会主义法治国家，实施依法治国，必须加强对高校学生的法律法规法纪教育；④合法公民的生活与权利需要法治来维护，合法公民也需要宪法法律基础知识教育、职业纪律和岗位规范教育，而大学生的校纪校规教育以及法治精神培育正是培养现在与未来合法公民所必须。因此，加强法纪教育的目的在于增强大学生的法纪观念和公民意识，普及基本法律知识，大学生要学会运用法律保护自己，做到学法、懂法、用法、守法，自觉维护法律尊严，为国家培养大批合格的法律操作者和守法公民。

（五）心理教育

心理教育既是高校德育内容的重要补充和完善，也是提高高校德育实效性的重要手段。现代物质文明的发展，在改变人们生活方式、改善生活境遇、带来精神与物质享受的同时，也易于使一些人因过于沉溺物质享受而丧失精神家园。现代信息技术及互联网在创造“数字化桥梁”“人机对话”“世界平坦”等人间奇迹的同时，也酿造了人伦疏远、人情淡漠、人道缺失的人间苦酒。市场经济中的竞争与风险，现代生活中的快节奏，各种价值观念的交叉碰撞，无情地给人们带来了难以名状的心理压力。心理素质的高低，适应能力的强弱，在某种意义上往往成为衡量一个人成功与否的重要标尺。因此，现代高等教育的一个重要任务就是要加强对大学生的人文精神教育和心理健康教育，“注重培养大学生良好的心理品质和自尊、自爱、自律、自强的优良品质，增强大学生克服困难、经受考验、承受挫折的努力”。培育并帮助他们形成健全的人格、良好的心理素质。从这个意义上说，心理教育是其他德育内容的初期形式、重要补充和完善，也是德性形成的重要起点。

三、高校德育内容研究的意义

（一）理论意义

高校德育内容是承载德育目标与任务的重要载体。社会发展进步要求高校德育内容体系应不断地丰富和完善、不断地进行改革与创新。德育的生活化与社会化发展趋势要求拓展德育内容体系，只有贴近生活的德育内容才能引起德育对象的关注，只有切合社会实际、反映现实社会问题的德育内容才能为德育对象所信服，只有符合德育对象身心发展及需求实际并易于激发德育对象兴趣的德育内容才能唤起德育对象的理性认知和情感投入。因此，研究德育内容体系及其创新问题不仅事关高校德育工作的与时俱进问题，更事关德育工作的成效问题。在新形势下，深入研究德育内容体系及其相关问题，既是在教育环境、教育对象、教育手段等发生新变化的情势下高校德育内容改革必须作出的应有回应，也是高校德育工作协调运作、整体推进的题中应有之义。

深入研究探讨德育内容及其体系在新形势下的建构问题，可以开启德育研究新思路，促进对中华民族优良道德文明成果的继承与发扬光大，推进对世界道德文明成果的积极吸纳，助推高校学生思想道德品德教育规律研究，在理论与实践的紧密结合中破解德育内容创新的难题，实现德育内容的新时代创新，使德育内容更加符合时代要求、符合中国国情、符合德育目标的要求，使德育内容适应增强高校德育工作针对性与实效性的需要，保障高校德育内容体系沿着正确的发展方向运行，进而为培养德、智、体、美全面发展的社会主义合格建设者和可靠接班人做出应有的努力和贡献。

研究高校德育内容体系，还可以丰富高校德育理论体系。高校德育内容研究是高校德育理论研究的重要组成部分。探讨高校德育内容改革与创新的理论与实践，有助于开拓高校德育内容研究的新视野，为构建新型的高校德育理论研究框

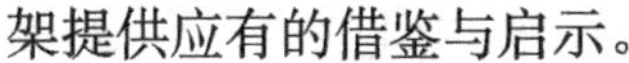

架提供应有的借鉴与启示。

（二）实践意义

实践性是德育的本质特征，理论与实践的紧密结合是德育的一条基本原则。脱离社会发展实际、脱离学生生活与身心发展实际的德育内容难以实现德育的目标要求。因此，从实际出发，以真诚服务学生为着眼点，深入研究德育的内容，克服或摈弃抽象化、概念化、模式化的内容体系弊端，拓展并创新德育内容体系，有利于加深德育对象对德育内容的理解，促进德育对象从德育内容载体所蕴含的意义中，反省自身的优势与不足，发掘自身的潜在力量和主观能动性，使社会主义核心价值观内化为精神追求，外化为自觉行动，实现自律与他律的统一、个人成长需要与社会发展需要的统一。

研究德育内容，有助于解决高校德育的针对性、提高实效性。在经济全球化、信息网络化背景下，德育对象的行为方式、思维方式、生活方式、交往方式及价值取向发生了新的变化，高校德育的内容体系面临着新的挑战。适应德育环境变化的需要，研究探讨高校德育内容体系，丰富、创新并完善德育内容，拓展实践性内容，对于切实解决德育的针对性问题，提高德育的实效性，增强德育内容的说服力和感染力，具有十分重要的实践意义。

研究德育内容，是提高德育对象素质素养的现实需要。改革、拓展德育内容，有利于帮助德育对象解决思想政治与道德品质方面的困惑，引导德育对象正确理解并积极吸纳具有时代特征和符合社会进步的思想政治观念与价值取向，自觉抵制非马克思主义及不良社会思潮的影响与侵袭，树立社会主义核心价值观念，确立并坚定正确的理想信念，进而增强德育对象的民族自信心、自豪感。用正确的思想信念、品德认知指导自己的思想政治与道德品德行为，实现健康人格的塑造与培育、优良德性的完善与养成，提高德育对象走向世界所需的素质与素养。

四、高校德育内容研究述评

近年来，随着高等学校德育工作重视程度的不断加强，高校德育的内容也在深化和扩展，众多学者从内容的反思与重构入手，围绕德育内容的构成要素、德育内容体系的改革与创新等重要问题进行了一系列探索。

（一）关于高校德育内容的构成要素

学界的探索仁者见仁，智者见智，大致形成以下六种观点。

（1）“一要素说”，即德育就是道德教育，这是一种传统的德育观，在我国由来已久。中国古代德育理论一直把道德教育视为德育，这可以追溯至春秋战国时期以孔子、孟子为代表的儒家教育思想。20 世纪初期，王国维等学者在诠释

“德育”术语时，将其专指为“道德教育”。当代台湾学者龚保善也赞同这一观点，他认为，从实施上说，德育即“道德教育”的简称。其著作《德育原理》的内容体系基本上是道德教育。学者王啸同样支持这种观点，其在《德育本质刍议》一文中指出德育就是道德教育。从普适性角度看，德育即“道德教育”的观点固然有其道理，但从社会主义德育角度看，此观点缺少政治内涵，且包容面过窄。

（2）“二要素说”，认为德育就是思想教育和政治教育。支持这种观点的是钱学森教授，他在《早日建立马克思主义德育学》一文中指出，德育就是各行各业的思想政治工作。20 世纪 80 年代初期，中国开展“思想政治工作科学化”讨论，该观点对于推进思想政治教育新途径、新方法的探讨有所裨益，但该观点突出了思想政治教育，对道德品质教育有所忽视。

（3）“三要素说”，即坚持政治教育、思想教育和道德教育“三位一体”。学者胡守棻在《德育的几个问题》中阐述道：德育就是对学生进行的“政治教育、思想教育和道德教育”。同样，《辞海》中也对德育内容做了相似的解释：包括政治教育（即政治方向和态度的教育）、思想教育（即世界观和方法论的教育）和道德教育（即人的行为准则与道德规范的教育）。“三要素说”的观点基本代表了德育的狭义概念，曾在许多学者中得到认可。但随着社会的发展及人才素质结构的变化，德育的内涵与外延不断扩大，德育的构成要素势必要发生新的变化。

（4）“四要素说”，认为狭义的德育概念已经不适应教育对象发生新变化的实际，应当在狭义的三要素德育概念基础上添加心理健康教育。20 世纪 90 年代以后，随着社会对人才素质要求的变化，心理教育在高校得到普遍重视。社会转型时期所带来的生活与心理压力，高校教育改革尤其是招生收费制度和毕业生就业制度的改革给学生带来的心理压力，致使部分学生对社会、对生活的迷惘与困惑日渐增多。现代信息技术的进步，尤其是网络的发展，上网成瘾、沉溺于虚拟空间、逃避现实人际沟通的现象屡见不鲜，其背后都隐含着需要研究解决的心理问题。因此，适应学生心理需求，实施心理健康教育，培养学生完美健康的人格，补充完善德育内容，成为学界普遍关注的问题。其中支持“四要素说”，主张将心理健康教育纳入高校德育内容体系的最具代表性的著作是《现代思想政治教育学》（张耀灿、郑永廷、吴潜涛等合著）。

（5）“五要素说”，主张在上述四要素之后再加上法纪教育。学者詹万生在“九五”科研课题“整体构建学校德育体系研究”中提出了“五要素”的观点，华中师范大学周湘莲在其硕士学位论文《论高校德育内容的系统构建》中也赞同这种观点。

（6）“六要素说”，主张在“五要素说”后再加上和谐教育。这主要是根据我国目前构建社会主义和谐社会的主要任务而提出的。安徽理工大学党校的董淑

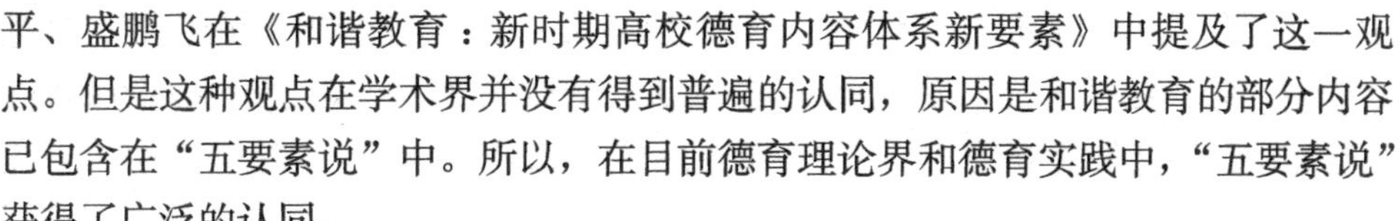

平、盛鹏飞在《和谐教育：新时期高校德育内容体系新要素》中提及了这一观点。但是这种观点在学术界并没有得到普遍的认同，原因是和谐教育的部分内容已包含在“五要素说”中。所以，在目前德育理论界和德育实践中，“五要素说”获得了广泛的认同。

从道德教育到“五要素”德育内容新体系，德育内容要素随着社会历史的发展而不断丰富和完善。1994 年，《中共中央关于进一步加强和改进学校德育工作的若干意见》、2004 年，《中共中央 国务院关于进一步加强和改进大学生思想政治教育的意见》等文件，确立了“五要素”在德育中的不同功能与地位，并对德育内容各要素的实施予以明确的政策指导，推进了德育内容体系的臻于完善。2005 年 4 月 20 日，教育部《关于整体规划大中小学德育体系的意见》中明确指出：“德育主要是对学生进行政治、思想、道德、法制、心理健康教育。”按此，高校德育内容的五个基本要素正式确定并被列入国家的基本教育制度中。

（二）对传统德育教育内容的反思

改革开放以来，我国经济快速发展，尤其是计划经济向市场经济的转型，引发社会思想道德状况的巨大变化，这种变化对高校德育提出了新的挑战。经济全球化深刻地影响我国经济发展和社会生活的各个领域，必然对高校德育带来巨大的冲击。在挑战与冲击面前，学者们开始重新审视德育内容。

首先，对现行德育内容的弊端进行了深入剖析。王腾认为：“传统德育教育最大的弊端在于强调借助一切可能的教育手段，使受教育者无批判地接受某种固定的道德价值，从而达到束缚受教育者道德思想的目的。”蔡秀梅在《德育应回归现实生活》一文中认为，我国现行德育内容不同程度地存在理想化、共同化、空洞化、陈旧化现象，与学生实际生活、变化的社会生活相去甚远。王夫营在《高校德育研究三十年：回顾与前瞻》一文中提出，德育内容呈现“政治思想泛化”现象，过分强调社会秩序与行为的规范性、社会制度的整体性，过分地强调了对大学生的共性要求，而忽视个性发展，忽略了德育对象的自身需要。许多学者在反思德育内容弊端的同时，明确提出了高校德育内容调整与改革的意义和思路。

其次，对拓宽德育内容的反思。根据德育内容的性质以及德育内容与时俱进的特点，多数学者认为，在现阶段，我国高校的德育内容脱离实际，已不适应实际发展的需要，为使德育教育取得更好的效果，必须针对社会中出现的新问题、新挑战，不断地补充、丰富和完善德育内容。例如程建平在《论现代德育内容的构成及其趋势》一文中提出：德育内容亟待拓宽，尤其要“把科技道德教育、环境道德教育、经济伦理教育、合作精神教育、网络道德教育等内容融入德育主旋律，使爱国主义、集体主义、社会主义教育更具新意，富有时代气息”。

许多专家学者及相关德育工作者在高校德育内容的研究上做了很多探讨，其中不乏精华或可取之论。但不可否认，目前高校德育内容也缺乏新鲜血液，只有结合新的时代精神进行创造性开掘，赋予其新的时代内涵，才能使高校的德育内容更富有新鲜感与生命力。

第二节　高校德育内容体系确立的依据及原则

一、确立高校德育内容体系的依据

（一）社会政治经济的发展

高校德育内容体系是随着经济社会的发展而发展，并受经济社会的发展所制约。社会政治经济的发展决定了德育内容体系的时代性。社会历史的发展变化必然对高校德育内容提出新的要求，要求德育内容与之相适应。比如，在新民主主义革命时期，革命的主要目标是彻底完成反帝反封建的历史任务，并及时实现由新民主主义向社会主义的过渡，德育当然要围绕新民主主义革命的任务而确立中心内容。在实施改革开放和社会主义现代化时期，高校德育内容必然包括坚持四项基本原则、树立社会主义核心价值观等思想政治教育内容。再如，随着社会经济的不断发展，网络得以普及，这就要求网络道德教育成为学校德育的主要内容之一。因此，社会政治经济的发展是高校德育内容体系确立的重要社会依据。

（二）教育对象思想政治品德的发展规律

德育内容的确立既要考虑教育对象思想品德形成的连续性和递进性，也要注意教育对象素质的层次性及性格的差异性。大学生思想政治品德的形成是一个循序渐进、由量变到质变的发展过程。不同的年级、不同的专业、不同的思想发展阶段的学生，其思想政治品德形成特点不同，要根据不同发展阶段及不同专业或年级的学生的发展特点来确定适宜的内容。德育内容的确立还应考虑教育对象思想政治品德发展的差异性。由于遗传、环境和教育的影响不同，学生在兴趣、爱好、意志、性格等方面存在个别差异。因此，学生在思想政治品德发展上也必然存在差异。从尊重差异性角度来说，思想政治品德必须有的放矢，规定不同的德育内容。因此，只有根据教育对象自身的思想政治品德发展的实际情况，合理地确立德育内容，设计德育内容的广度和深度，才能促进教育对象思想品德的发展，提高德育的实效性。

（三）德育目标

德育目标既是德育活动的出发点，也是德育活动的归宿。德育目标决定德育内容，德育内容是德育目标的具体体现。诚如有人所言，德育内容就是德育活动所要传授的道德价值与道德规范。而这些价值与规范的选择和安排直接服务于德育目标的达成。目标的差异决定内容的差异。在社会本位的德育目标下，德育内容侧重于社会责任的教育，而在个人本位的德育目标下，德育内容则侧重于个人自由、权利和尊严的教育。因此，德育目标是影响德育内容确立的最直接因素。德育目标具有层级性。这种层级性既体现为目标制定者的层级水平，如国家的、学校的、课程的德育目标，也体现为目标表述的层级，如公民道德教育，其目标指向分类依次为社会公德、职业道德和家庭美德。显然，社会公德教育是第一位的。德育目标具有约束性。追求真善美，抵制假丑恶，弘扬社会正气，反对歪风邪气，表达的就是该坚持什么和反对什么。德育目标具有激励性。为共产主义奋斗终身的理想曾激励了无数革命者去战斗、拼搏直至英勇牺牲，这是不争的事实。德育内容的确立及选择要依据德育目标的要求与指向，结合教育对象的实际，进行内容的调整与更新，以服务于学生的发展及教育目标的实现。

（四）特定的社会生活环境

拓展德育内容离不开特定的社会生活环境，贴近生活的德育事件最容易引起德育对象的兴趣，与生活紧密联系的有关思想、道德和法律等也容易引起德育对象的共鸣。由于人的品德主要是在社会生活实践中形成的，环境对人的影响是多方面的，德育对象会从社会生活实践及社会环境中获得多种启示、约束、规范和帮助，从而逐步学会和适应在社会中生存所必须遵守的社会道德规范。德育的针对性也必然要求德育内容取材尤其是思想道德教育方面的内容取材要关注现实生活，脱离学生现实生活的思想政治道德教育必将成为无源之水、无本之木。

由于德育与学生生活具有天然的联结，近年来，许多学者展开了“生活德育”的研究，关注学生的生活世界成为道德教育领域的一个热门话题。肖川认为：“道德教育之所以应该观照学生的生活世界，是因为只有在学生的生活世界中，在学生的现实遭遇中，在学生内心世界的价值冲突中，才真正蕴藏着宝贵的教育时机，才能真正挖掘出学生道德人格生成与确立的源头活水。”唐汉卫认为，道德与生活具有内在的本体意义上的密切联系。从社会生活现实的角度看，现时代的生活已经发生了巨大变化，而道德教育要想维护其在现时代条件下的合理性，就必须时刻关注生活的变化。从价值的层面来看，道德教育以生活为基础，表明了我们所持有的以人为本的教育价值观。关于生活德育的讨论，虽各种观点莫衷一是，但德育内容的确立离不开现实社会生活，确是不争的事实。

综上所述，社会政治经济的发展、教育对象思想政治品德的发展规律、德育目标以及特定的社会生活环境是影响德育内容选择的主要因素。高校德育内容的选择与确立必须以学生的社会生活实际为基础，必须符合教育对象的思想政治品德发展规律。所以，高校德育内容的总体设计既要符合中国特色社会主义现代化建设的需要，又要符合大学生身心发展规律与大学德育目标的要求，还要兼顾现代大学生特定的社会生活的现实。

二、高校德育内容体系构建的原则

（一）科学性与人文性相结合的原则

坚持德育内容体系的科学性，就是确保马克思主义在高校德育中的主导地位，确保内容体系符合马克思主义，确保所传授所导引的思想、理念、观点等符合马克思主义、符合党的路线方针政策。坚持科学性，就是要使德育内容随着时代的发展不断地丰富，内容体系充分体现了马克思主义关于人的全面发展理论，促进人的全面发展，使德育内容成为适应时代发展进步的体系。

坚持德育内容体系的人文性，就是坚持以人为本，努力培育人文素质与人文精神，关注人的理想追求、价值信念等做人的基本品质和基本态度，在坚持正确的政治方向的同时，以培养良好个性和品德为终极目标。坚持德育内容体系的人文性，就是关注人的全面发展和人性的完善，使德育与社会生活紧密联结，培育并引导学生“学会做人”“学会生活”，服务于学生的生活需要、身心发展与价值追求。因此，德育内容体系的人文性，就是通过改善道德生活，提升人的道德精神，促进人的德性发展，实现道德对人生的引导和调节。

（二）社会化与个性化相结合的原则

按照马克思主义观点，个人发展和社会发展是辩证统一的关系。个人的生存和发展离不开社会，但教育离开了促进个体发展的功能，就无从反映和促进社会的发展。高校德育过程是思想品德社会化和社会思想、政治、道德教育个性化的有机统一过程，是有目的的社会思想、政治道德教育和个性化思想品德体验与养成相统一的过程。社会化与个性化具有不可分割的内在联系。个性是个体比较稳定的意识倾向和心理特征的有机整体，都是社会化的结果。高校德育内容的社会化，一是要按照社会发展的需求，尤其是社会对大学生的思想道德品质的要求，不断丰富和完善德育内容；二是凭借全社会的资源和力量，开展改造与发展社会的各类实践活动；三是引导学生走向广阔的社会生活，通过社会调查，参与社会实践，了解国情，了解社会，增加实践感悟，进而以此为参照进行自我调整、自我设计、自我充实。高校德育内容的个性化，就是以培养具有良好个性全面和谐

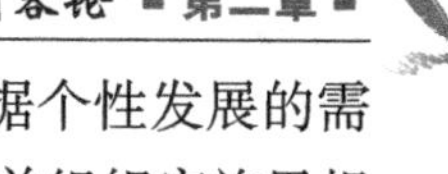

发展的社会主义接班人为目标，着力于当代人的个性培养。依据个性发展的需要，合理把握个性发展的本质特征，有针对性地设置德育内容，并组织实施思想品德教育。

（三）现实性与导向性相结合的原则

高校德育内容体系构建的现实性，就是在构建德育内容体系时，一是要立足于社会主义初级阶段的国情，从中国特色社会主义现代化建设的实际出发设计德育内容；二是要立足于大学生思想政治道德品质发展的实际，有针对性地设置德育内容；三是立足于现实社会生活环境，根据现实社会生活对当代大学生学习和生活的影响，及时调整思路，充实、丰富德育内容。高校德育内容体系构建的导向性，就是要坚持做到：①把坚定的正确政治方向放在第一位，用正确的思想、观点去认识和分析社会现象，抵御各种不良社会思潮的侵袭；②以理想信念为核心，深入进行“三观”教育；③坚持以实际问题为中心，坚持马克思主义与时俱进的品质，以发展中的马克思主义指导新的实践、及时解决新时期大学生在形成正确世界观、人生观、价值观过程中所出现的新困惑、新难题，扎实推进高校德育内容的改革与创新。

德育内容的设计既应体现现实性，又要体现导向性。坚持现实性，就是保证德育的针对性和实效性；坚持导向性，就是坚持德育的方向性和社会主义高校德育的本质特色。两者相辅相成，不可或缺。

第三节　新时期高校德育内容的创新

一、新时期高校德育内容创新的条件

新时期，高校德育环境以及受教育者自身都在发生巨大的变化，这种变化既为高校德育内容创新提出了新的要求，也为高校德育内容创新提供了前提条件。

（一）高校德育环境的变化

在新的历史时期，经济全球化、信息网络化引起了人们行为习惯、思维方式和价值观念的重大变化，各种矛盾互相交织，各种思潮相互碰撞，社会意识多样化、价值观念多元化、道德取向多样化，复杂的社会环境在给高校德育内容创新带来新机遇的同时，也带来了前所未有的挑战。

从经济全球化角度看，经济全球化一方面促进了世界各国的经济、政治、文化的交流；另一方面给全球各方面发展带来了新的障碍。随着经济要素在全球的流动，各种信息和观念快速地传播到世界各地。与社会进步相适应的新思想、新

观念传入我国的同时，一些腐朽的思想观念也大量涌入。大学生在积极吸纳进步的新思想、新观念的过程中，也遭到了不良的西方文化思潮和价值观的巨大冲击。面对社会开放和价值多元的现实，面对诸多的文化冲突与道德困惑，高校必须改革德育内容，加强爱国主义、集体主义、社会主义以及正确的人生观、价值观教育，帮助学生消除道德困惑，树立正确的道德认知，自觉抵御非马克思主义思潮的影响，使大学生在不断增强民族自信心、自尊心和自豪感的同时，提高国际意识与走向世界的素质。

从信息网络化角度看，随着科学技术的进步，尤其是信息技术的飞速发展以及网络时代的到来，人们的思想观念、价值标准以及生活态度发生了巨大变化。大学生群体是网络的最重要的受众主体之一，变化莫测的信息网络传播手段，使大学生接受各种思想文化影响的途径比以往更快更宽。新科技及数字化网络信息在培养学生吸收新知识、提升科学精神、民主观念、法治意识、效率意识、创新品格等方面有助于学生形成优良的品德。但网络又是一把“双刃剑”，其负面影响不可低估。受不良信息、垃圾信息的影响，部分大学生中出现道德滑坡、人格精神弱化、人生价值观迷茫等不良倾向。过于迷恋网络者，甚至出现在虚拟空间里“乐群”，在现实生活中“索居”的矛盾生活。道德与人情的疏离、自我与公共的隔离、心灵世界与生活世界的脱离已成为网络时代德育教育的新问题。这些新情况、新问题给高校德育提出了新课题。为了引导大学生树立正确的世界观、人生观、价值观，培养其良好的道德品质，需要针对信息网络时代德育教育中的新问题，对高校德育内容进行新的时代建构。

从中国社会转型角度看，改革开放以来，中国社会迅速实现了由计划经济向市场经济的转轨，加快完善了社会主义市场经济体制，经济发展方式实现了新的转变，中国开始步入社会主义现代化建设的快车道。中国社会的巨大变革，引发中国道德观念发生历史性变化，注重民主、文明、和谐，平等、公正、爱国、敬业、诚信、友善、讲究效率、开拓进取等观念逐渐成为当代大学生思想道德观念的主流。但是，由于市场经济具有功利性和竞争性，也由于西方社会思潮的冲击及发达国家某些阶层生活方式的影响，个人主义、拜金主义、享乐主义、实用主义等价值观念侵蚀着人们的心灵。这些不良的、错误的观念冲击着大学校园，并在一定范围内造成了大学生道德价值的混乱及理想信念的迷茫。因此，无论是从应对国际竞争与挑战、增强民族凝聚力及国家竞争力角度，抑或从培养德、智、体、美、劳全面发展的社会主义合格建设者和可靠接班人的角度，都必须对以往开放性不强的德育内容进行新的时代建构。

（二）高校德育对象的变化

随着中国社会经济的发展及中国高等教育改革的深入，高校德育对象发生了

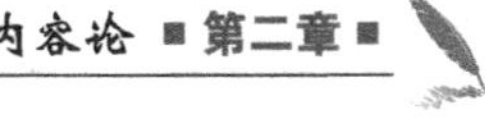

新的变化。

首先，大学生的政治思想发生了新的变化，其思想和政治态度与中国社会政治的发展水平和发展趋势相契合，具有明显的时代特征。社会政治稳定需要大学生具备特定的政治素质，良好的大学生政治思想素质是中国特色社会主义政治文明建设的重要基础。相关研究表明，大学生的政治思想和态度与社会主流价值观保持一致，这充分肯定和拥护党的领导地位和党所实施的国家发展方针政策，具有尊重国家利益和希望祖国强盛的核心价值理念。他们的爱国主义情结体现为对中华民族伟大复兴的赞同，对社会主义道路、对国家政治体制的理解与认同。大学生普遍具有较强的社会责任感和使命感，具有积极参加和努力为社会做出贡献的现代公民的基本品格。

其次，大学生的生活态度、心理状况、接受能力、欣赏水平发生了新的变化。大学生普遍具有开放的生活态度与亲近社会倾向。绝大多数学生愿意与同学交换意见和相互帮助，乐于接纳他人，希望和大家交朋友，能够积极参加各类公益性社团以及社会调查和社会服务。由于当代大学生求知欲的强烈和信息获取途径的多样化，学生思想活动的独立性、选择性、多变性和差异性明显增强。对于社会热点，思考多、关注多、忧患多。

再次，由于学生思想特征的多样性和影响因素的复杂性，大学生在思想追求、人生观、价值观形成上呈现出发展的不平衡性。相关调查表明，多数大学生对社会的关心和责任，高于对个人利益的关心。但也有少数大学生只关心自己，把自身的需要能否得到满足作为价值取向，更有极少数大学生片面追求个人利益的最大化。多数大学生具有较强的主体意识、追求真知的勇气，愿意关注和研究社会问题，但也有部分大学生注重自我、过于偏重功利。

最后，受高等教育由精英型向大众化转变的影响，大学生群体呈现出发展的层次性与差异性。自 1999 年以来，我国普通高校连年大幅扩招，截至 2022 年，我国高等教育毛入学率已达 59.6%，这对提高我国年青一代的文化水平、缓解我国就业的压力是有好处的。但高校扩招所带来的消极影响亦不可忽视。一是由于大幅扩招，入学门槛骤然降低，生源素质参差不齐；二是由于高校扩招准备不够，教学设备、食宿设施及师资队伍建设相对滞后，影响了学生的发展；三是由于管理跟不上，措施不到位，致使一些大学生的生活和学习得不到应有的关心，影响了学生的发展。扩招所带来的相关影响及其他相关因素，导致一些学生思想道德滑坡，玩世不恭的现象时有发生。如何适应高校扩招后学生的实际情况，在全面推进素质教育中加强德育工作，需要对德育内容进行新的时代建构。学生政治思想发展、身心素质发展的现实状况，必然地成为高校德育内容创新的重要立足点。

二、新时期高校德育内容创新的原则

（一）必须坚持正确的政治方向

德育内容的创新，是对现存德育内容弊端的革除，是对陈旧德育内容的革新，是新型德育内容观的构建。德育内容创新的宗旨和目的在于：把加强和改进大学生思想政治教育作为出发点，把培育社会主义现代化所需的大学生思想政治素养作为根本原则，通过德育内容的创新，使高校德育内容更加符合时代要求，符合中国国情，符合德育目标要求，符合培养与造就社会主义事业可靠接班人的需要。笔者认为，任何教育改革或创新都是在一定的理论或观念指导下的，都是应一定社会经济社会发展需要而产生的，高校德育内容创新亦不例外。必须意识到，高校德育内容的更新非一朝一夕所能完成，德育内容与德育的其他要素、与影响德育内容的环境因素、与社会生活实践有复杂的关联，因此高校德育内容创新必须在马克思主义及马克思主义中国化的理论成果即中国特色社会主义理论体系的指导下进行。马克思主义的与时俱进精神品格、实事求是的思想路线是进行德育内容创新的理论基石。要运用马克思主义的基本理论观点去分析德育内容研究中存在的问题、大学生成长特点与发展规律、大学生思想道德品质形成规律，在理论与实践的结合上破解德育内容创新的难点，突破德育内容创新的重点，使高校德育内容创新沿着正确的方向发展。

（二）必须适合大学生的特点

德育内容之所以不断进行调整充实与完善，其重要的原因之一就是社会在发展，教育对象在变化，教育对象的诉求要求德育的内容与之相适应。社会的发展需要德育，只有适应社会需要的德育才有生命力，同样地，个体的发展也需要德育，适应个体发展的德育就更有生命力。“德育作为一种有目的性的教育活动，并不仅仅是为了社会价值而存在的。德育是人在实践基础上对自身自然地改造的结果，它必然地具有着眼于人的德性发展，促进道德主体发展的个体性、发展性功能，即促进人的全面发展的作用。”当代大学生在成长过程中必然受到经济社会发展的影响，其思想品德状况明显具有时代特点。因此，高校德育内容的创新必须从大学生的实际状况出发，必须研究大学生的思想品德发展特征，必须把大学生现实的诉求作为重要的着力点。由于个体的社会阅历、背景环境、个性特点、基础素质水平的差异，也由于情感、动机、兴趣、意志和价值观的形成和发展的复杂性，大学生在思想道德行为上呈现出千差万别的个性特点。因此，高校德育工作者要在调查研究的基础上，把握大学生的思想状况及道德认知、道德判断和道德行为特点，适时地调整和革新德育内容，有针对性地实施思想政治和道

德行为规范教育。要努力激发大学生在品德发展及道德成长上的内在动力和主体能动性，引领他们用自己的头脑思考社会问题，把优良道德习惯的养成和对真善美的追求化为内在的自觉追求，进而实现自律与他律的统一、个人成长需要与社会发展需要的统一。

（三）必须与社会主义市场经济相适应

经济全球化、信息网络化给德育内容的创新带来了新的挑战与机遇。市场经济的发展，要求道德规范建设与之相适应，要求人们的思想道德素质与之相符合。而高校德育内容的更新也必须适应市场经济的发展需要，摒弃落后的德育内容，补充新内容，建立适合市场经济的德育内容体系。在社会主义市场经济条件下，德育内容的创新，既要注意吸纳反映市场规律的新内容，如公平竞争、团队合作、互利互惠、等价交换等道德价值取向，也要维护反映中华传统美德的，如“己所不欲，勿施于人”等价值取向，还要拓展改革视野，推进大学生的道德认识和道德实践。

（四）体现与时俱进的时代精神

随着社会的进步和发展，高校要担负起培养大批社会主义事业合格建设者和可靠接班人的历史重任，不仅要继承和发扬优秀的德育传统，也要根据社会的变化，尤其针对在社会中出现的新问题、新挑战，结合当前思想政治教育工作的新任务、新特点、新规律，采取相应的对策和改革，不断补充和丰富新的德育内容。既要补充和完善体现国情、地域和民族特点的德育内容，也要适应人才的国际化趋势，吸纳其他国家或地区的有生命力的德育内容，借鉴当代世界道德文明成果，构建适应社会发展进步的德育内容体系。

三、新时期高校德育内容创新的重点

德育内容是实施德育的基本内涵，其丰富、科学、系统与否，都直接影响着德育目标的实现和德育的应有效果。德育的性质和特点决定了德育内容必须随着社会政治经济的发展、教育对象的思想品德发展规律以及德育目标的变化而不断充实、调整。当今社会科学技术的不断创新，经济社会的不断发展，对高校的发展提出了新的全面要求。而德育环境的变化，德育对象的发展变化，客观上也要求德育内容要与时俱进、不断创新、贴近现实生活、贴近学生实际，以适应社会发展的需要。为使德育内容适应实际发展的需要，德育教育取得更好的效果，高校必须对德育内容进行不断的创新、充实、完善。

（一）高校思想政治教育内容创新

思想政治教育内容是对大学生进行系统的马克思主义理论教育的重要载体，体现着社会主义大学的本质特征，是党的教育方针的具体体现，是引导大学生坚定对马克思主义的信仰、对社会主义的信念，增强对改革开放和现代化建设的信心、对党和政府的信任的重要依据。世界多极化和经济全球化的发展趋势，错综复杂的国际局势，各种思想文化相互融合碰撞的情势，当代大学生求知成才的渴望与需求，既是思想政治教育内容创新的前提，也构成了思想政治教育内容创新的动力。实施思想政治教育内容创新是扎实推进社会主义核心价值观培育和践行、弘扬中华优秀传统文化和先进的思想文化，提高思想政治教育质量的迫切需要。

首先，要结合民族传统、时代特点与社会生活实际，构筑创新性内容体系。要按照思想政治教育的新目标，挖掘为大学生所认同和接受的反映思想品格、价值取向和道德规范的中华优秀传统文化教育内容，体现以爱国主义为核心的民族精神的教育内容和以改革创新为核心的时代精神方面的教育内容，以弘扬爱国主义，增强民族文化自信和价值观自信。通过选择以“实事求是”“与时俱进”“以人为本”为主题的系列教育内容，旗帜鲜明地坚持道路自信、理论自信、制度自信和文化自信，凸显时代精神走向，反映中国社会最新精神气质，引导大学生自觉承担起建设中国的历史重任。

其次，要以习近平新时代中国特色社会主义思想为指导，不断丰富和完善价值观、人生观、世界观教育内容。马克思主义及马克思主义中国化的中国特色社会主义理论是指导思想政治教育内容创新的灵魂。要深入挖掘马克思主义尤其是中国化的马克思主义的内涵精髓，引导大学生用马克思主义理论观点分析社会发展现象及“中国现象”。深入挖掘社会主义核心价值体系的丰富内涵，把爱国主义、集体主义、为人民服务等重要道德原则作为大学生价值观、人生观、世界观教育的重要内容，着力培育符合民族传统和时代要求的思想品格、价值取向与行为规范。

最后，依据社会主义政治文明建设需要，不断拓展政治思想理论教育内容。2014 年 10 月，中共中央颁布了《关于全面推进依法治国若干重大问题的决定》，迈出了建设社会主义法治国家的步伐。高校德育要根据依法治国、建设法治国家的需要，丰富关于法治建设、法治意识、法律意识培养方面的内容，引导大学生认清中国社会发展的政治理想目标，民主与法治建设要求，培育大学生的经济正义、社会正义精神，增强公民意识、法治意识、法律意识。要关注政治理论建设，创新政治教育内容，引导大学生开阔政治视野，提高政治文明、生态文明素养，进而培养具有高度社会责任感和自觉性的国家公民。

（二）高校道德教育内容创新

中国高校道德教育内容的创新，要按照道德教育的新目标和大学生思想道德素质发展的规律，把发扬中华民族优秀道德传统同借鉴当代世界先进文明成果相结合，把社会经济变革与吸纳新鲜的思想道德养料相结合，把研究大学生的现实生活与关注大学生的个性发展相结合，形成具有浓郁的中华民族特色、体现时代精神与社会进步、贴近受教育者实际的生活化、创新性的道德教育内容体系。

首先，发挥中华民族道德传统的当代价值，努力实现中华民族道德传统的批判继承和创造性转化，借鉴吸收世界先进文明的成果，并实现中国化的改造。中华民族有许多优秀的道德传统，如“天人合一”“以人为本”的思想观念，“刚健有为”“自强不息”的进取精神，“诚实守信”“勤俭廉政”的道德品质，“见利思义”“先义后利”的价值取向，等等。中国近代以来，在社会变革与进步中形成的新思想、新道德，如振兴中华、反抗侵略、弘扬民主、反对专制、尊重独立人格、追求个性解放等，它们构成了现代德育内容的重要来源。在继承中华民族优秀道德传统的同时，应十分注意结合民族传统和时代特点，吸纳世界道德文明成果，实现道德教育内容的自我更新和发展。

其次，贴近学生生活实际，贴近学生的个性发展方式，构建生活化道德教育内容体系。中国高校道德教育要贴近、关注大学生的个体生命和现实生活，把体现社会要求的思想观念、道德规范与人们的日常生活密切联系起来，提高学生对社会现实问题的批判分析能力，构建学生独立的人格和道德主体。高校道德教育内容要深深扎根于学生现实生活的土壤中，就必须打破传统的“课程”束缚，冲破班级式、课堂式的道德教育模式束缚，将道德教育内容与学生的日常生活、学习生活、交往生活、集体生活相联结，关注学生个性发展的旅途，重视个体的生活体验，在鲜活具体的“道德事件”分析理解中，教会学生“做人”，催生学生的道德智慧，真正发挥道德教育对人生的肯定、调节、提升功能。学者王腾认为，长期以来，我们一直忽视了道德知识向道德实践转化的过程性和复杂性，忽略了德育的“生活世界”价值，从而弱化了道德对生活世界的关注，导致“德育走入知识中心主宰的误区，陷入了道德认知和道德涵养相悖的困境，出现了德育教育与社会生活、与人的现实的疏远，这种教育的结果便是人与自我的断裂，人的真实存在被遮掩起来了”。道德教育要实现对学生的心灵成长和内在精神性发展的关注，就要尽力避免过于知识化、功利化、理想化的与学生生活世界脱节的道德教育，了解学生的生活实际、学习实际、独特的需求、矛盾与困惑，在把握道德与生活的关系中，增强学生对道德实践的感悟，实现对人生意义的引导。

最后，增强高校道德教育内容的创新性。教育不仅是文明的传递，也是一项道德事业，更是一种引导人完善自我、走出自我、走出个体、适应社会发展的活动。因此，道德教育内容的构建不仅要有一个基础性的相对稳定的系统，更要有道德教育内容体系的开放性。道德教育内容要向时代和生活开放，应不断从经济社会变革及文化创新中汲取新鲜的思想道德养料，着力培养与发展社会主义市场经济相适应的新的道德观念，引导学生正确认识和处理竞争与合作、效率与公平、自律与他律、个人价值与社会价值等关系，引进人们生活中所遇到的思想道德上的新挑战、新矛盾、新问题和新热点，努力使道德教育内容保持在常变常新状态中，使教育者和受教育者的个性得以张扬和不断创生，思想道德批判和创新能力得到发展，实现道德教育内容的不断创新。

（三）高校法纪教育内容创新

我国经济社会迅猛发展的新形势及不断加快的我国民主法治建设进程对大学生法纪教育提出了新的要求，高校法纪教育的实践急切地呼唤法纪教育内容的创新。实施法纪教育，是提高大学生法律素质、培养大学生法律意识、塑造大学生法律人格的教育，也是把大学生培养成现代法治社会所需要的公民的教育。大学生法纪教育内容创新，既要包含社会生活规范方面的内容，如法律常识、纪律、规则、制度等，也应包含公民意识、民主意识、法治意识、纪律意识教育，还应涵盖法律情感的陶冶和法律行为习惯的培养。应不断补充、更新与完善法纪教育内容，将懂法、守法、用法、护法及维权案例融入教育内容，提升大学生的法律素质，培养并塑造新时代具有较高法律素养自觉遵纪守法的国家公民。应当注意的是，高校法纪教育不仅要关注外在的规范要求、外在的法纪要求，更应关注法纪意识的内化及自身良好法纪习惯的养成。

（四）高校心理教育内容创新

高校心理教育要适应当代社会发展的要求，满足当代大学生心理发展的实际需要，就要深入研究网络、学科教学、学习与生活环境等影响大学生心理健康发展的因素，以自尊、自爱、自律、自强为主要内容，注重人文关怀和心理疏导，通过有效的审美感受和审美体验，促进大学生热爱生活、感悟人生，形成良好的个性心理品质。心理教育还应包括：积极的学习态度、终身的学习愿望、科学的思维方法、敏锐的创新意识、乐观的情绪倾向、健康的审美情趣、坚强的意志品质、进取的人生理想、健全的个性结构等。因此，要实现心理教育内容的有效创新，就必须结合大学生个性发展的实际，依据心理发展需求，不断拓宽心理教育内容，挖掘人性中本应存在的美与善、情与爱、精神与灵性、超越与创造等优秀品质，发挥其内在的主体愿望、独立意识与独立潜能，引导学生理解并感悟生活、生命、生长的价值，培养并塑造科学素质和心理素质全面发展的优秀人才。

第三章　高校德育方法论

高校德育方法是实现高校德育目标的中介，是提高德育实效性的重要手段。德育内容只有通过有效的德育方法才能被受教育者所接受。研究高校德育方法发展与演变的轨迹，揭示高校德育方法核心的构成及其基本特征，探讨高校德育方法理论发展的规律，对于推进高校德育方法的变革与创新，构建具有时代特色的高校德育方法论体系，具有十分重要的理论意义和现实意义。

第一节　高校德育方法概述

一、高校德育方法的内涵与特征

（一）高校德育方法的内涵

所谓“方法”，就是一种运动规律的规定性和活动模式，是人们认识和改造客观世界所必须遵循的途径。方法的意义在于为人们有效地认识对象和有效地改造世界提供指南。就德育体系而言，德育方法是德育活动中各种德育方式或措施的集合体，反映与彰显着德育的目标任务及本质。“高校德育方法是为促进高校德育发展，为实现德育目标而运用于教育者与受教育者之间的各种德育手段、方式的总称”，其影响和制约着高校德育目标的最终实现程度，是促使德育内容产生德育效果的手段。

（二）高校德育方法的特征

高校德育方法作为社会科学方法体系的一部分，既具有其他方法的共同特征，符合方法发展的一般规律，又在具体的发展内容和发展形势方面有自身的特殊性。

第一，高校德育方法的整体性和系统性。高校德育方法的整体性，一是指在德育系统中，德育方法不是孤立地存在的，它与德育各要素包括目标任务等相互依存、相互联系，构成一个不可分割的整体，方法与目标、任务、内容、途径、载体等要素互为前提、相互依存，只有从整体上把握德育各要素之间的关联或联结，德育方法才能实现最佳和最大的功能；二是高校德育方法体系的整体性，主要指高校德育方法体系的组成部分以及各种德育方法之间的关系问题。

第二，高校德育方法的多样性与多维性。受高校德育目标、德育任务、德育实践所驱使和制约，高校德育方法呈现多样化特点，而不同时期德育对象的特点、高校德育环境的变化也必然催生高校德育方法的多维性。

第三，高校德育方法的实践性与操作性。德育的本质在于实践，高校德育方法的实践性就是指德育方法必须指向于德育实践、服务于德育实践，德育实践要求德育方法必须具备有效性，必须满足德育实践也即德育对象的需求。德育是否脱离实践，既取决于德育目标、内容是否脱离实践，又取决于德育方法是否脱离实践。要增强德育的实效性必须注重德育方法的针对性与实效性。

第四，高校德育方法的发展性与创新性。没有一成不变的德育方式方法，也没有一劳永逸的同化的德育方法体系，高校德育方法在社会经济政治发展中不断地发生新的演化与变革。高校德育方法的发展性既体现在由简单到复杂、由单一到多样、由具体到抽象、由特殊到一般、由部分到整体、由封闭到开放、由传统到现代的发展历程，也体现在对传统高校德育方法的精华与糟粕的扬弃，与经济、政治、文化的发展紧密联结，为适应时代需要而不断变革，还体现在对多元方法的整合，对方法与手段、途径的组合，以及以对方法的系统化与理论化等方面。

二、高校德育方法的层次结构

在高校德育方法体系中，各个层次的方法均有其独特的功能，彼此间相互联系、相互渗透。按照其功能和作用，高校德育方法大致划分为以下层次。

（一）高校德育的基本方法

这一层次的方法是高校德育方法体系中抽象层次较高、地位较重要的部分。在高校德育全过程中，高校德育的基本方法指导和规定了其他方法运用的方向、准则和要求，在高校德育方法体系中起着导向、规范的作用。这一层次包括四类方法：一是具有原则指导性的诸方法，如实事求是的方法、平等待人的方法、分层次教育的方法、积极引导的方法等；二是具有基础性的常规性方法，如精神鼓励与物质利益结合方法、言教与身教结合方法、典型教育方法等；三是具有根本路径性质的诸方法，如理论教育法、实践教育法、传播教育法、自我教育法等，缺少这类方法，高校德育将无法进行；四是具有载体性质的方法，如寓教于活动法、环境熏陶法、管理教育法等，这类方法是一种有质无形，论道而不说教的隐性教育方法，这类方法是适应新时期高校德育需要而产生的，引起众多学者的重视与探讨。

（二）高校德育的具体方法

这一层次的方法是适用于高校德育纵向过程各主要环节的方法，它受基本方法的指导，在高校德育的各个环节起主干作用。高校德育的具体方法融科学性、艺术性、针对性于一体，构成高校德育方法纵向发展的主体内容。在德育信息收集中，包括观察法、调查法、预测法等；在德育信息的分析中，包括因果性分析法、比较分析法、定性定量分析法、系统分析法、典型分析法、矛盾分析法、敏感性分析法等；在德育实施过程中，包括说理教育法、情感教育法、激励教育法、典型教育法、后进转化法、冲突缓解法、心理咨询法等；在德育评估中，包括经验评估法和分等加权法等。这些具体方法构成了高校德育方法的主要内容。

（三）高校德育的操作方式

这一层次的方法是高校德育具体方法的实际运用，是具体方法在不同范围、不同条件下的特殊方式，它使具体方法更加程序化、规范化，具有较强的应用性。高校德育的操作方式丰富了高校德育方法的内容，扩充了高校德育方法的应用范围。高校德育的每种具体方法都适用于不同条件的多种操作方式，如思想分析方法中，就包括矛盾分析法、系统分析法、因果分析法、比较分析法、典型分析法、定性定量分析法等。这些具体的操作方式，运用条件明确，操作方式具体，便于高校德育工作者直接掌握和运用，可增强高校德育的感染力和实际效果。

（四）高校德育方法的运用技巧

这一层次是高校德育方法操作的具体方式，是运用高校德育方法的经验概括。高校德育方法的运用技巧使方法和操作的方式生动、具体，并使高校德育方法更具丰富性、生动性和灵活性。例如，在高校德育的实施中需应用聆听的技巧、谈话的艺术、对比的艺术、疏导的艺术、感染的艺术等。这些高校德育方法的运用技巧是实践经验的长期积累和总结，体现了高校德育工作者运用方法的能力，具有鲜明的个性特征和个人风格。充分发挥高校德育方法运用技巧的实际作用，有利于高校德育工作者科学地运用各种德育方法，从而增强高校德育方法的创造性和实效性，使高校德育工作的艺术性和感染力得到提升。

以上几个层次方法的划分是相对的，它们各有自己的特点、适用范围和作用，同时彼此之间又是密切联系、不可分割的。在高校德育方法体系中，基本方法不能离开具体方法和操作方式，否则，基本方法就会变得抽象空洞不起作用；而具体方法和操作方式以及运用技巧也要以基本方法为指导，否则，就会不明方向，就事论事，不能解决实际问题。

三、高校德育方法研究的意义

当前，由于社会的变革与人们思想观念的变化，大学生的思想状况出现了许多新问题，高校德育包括高校德育方法面临着前所未有的严峻挑战。因此，加强对高校德育方法的深入研究，对全面提升大学生的思想道德素质具有重大的理论和现实意义。

（一）当前高校德育实践的迫切需要

进入21世纪以来，高校德育的时代背景和环境条件发生了巨大变化，这种巨大变化极大地影响着大学生的思想意识、道德观念和行为方式，对高校德育的目标预设、内容更新、方法创新提出了一系列新要求。要使大学生思想品德教育获得预期的成效，科学的教育方法是一个必要条件。良好的高校德育方法能够更加有效地指导德育的实践，并通过实际行动达到德育的目标要求。对高校德育方法的研究，可以回答和缓解高校德育在现实发展中所遭遇的问题，有利于实现高校德育过程中理论与实践的有机结合，引导高校德育工作者掌握德育的规律，提高实施德育活动的能力。对高校德育方法的研究，也能够促进高校德育工作者转变观念，应对挑战，开辟高校德育方法的新天地，使新时期高校德育工作提高实效性、针对性，扩大覆盖面、增强影响力，实现高校德育工作的创新，促进高校德育工作的现代化发展。

（二）提高高校德育效果和人才培养质量的需要

高校德育的主要功能就是帮助大学生完成从自然人到社会人的转变，培养他们具有认识社会、适应社会和改造社会的能力。良好的德育方法是顺利完成德育工作的重要保证，是德育实践活动中德性内化于心、外化于行的关键环节。加强高校德育方法的研究是培养大学生全面发展的必然要求，只有选择和运用科学而有效的高校德育方法，才能在教书育人、管理育人、服务育人工作中，紧紧围绕高素质人才培养目标与任务，全面整合与提升高校德育的育人功能。

（三）提升高校德育工作者整体素质的需要

高校德育方法的研究可以有效提高德育工作者的整体素质和水平，促进高校德育工作队伍的职业化、专业化、专家化。高校德育工作者的个人思想品德修养和德育理论素养，既关乎其业务水平和工作能力，也反映出思想方法和工作方法的科学性，影响其德育工作质量的好坏、水平的高低。高校德育工作者素质的提高，决定了高校德育方法实施的有效性、准确性与实效性。

四、高校德育方法研究述评

近年来，国内学术界关于高校德育方法的研究不断深入，理论成果日益增多，大批学术专著及论文从不同侧面对高校德育方法的发展和创新等问题进行了研究。其中，最具有代表性的著作有：《大学生思想政治教育研究方法》《新形势下高校德育工作方法与理论创新》《马克思主义世界观和方法论与高校思想政治教育》等。截至目前，从期刊网上查到有关高校德育方法的论文共 983 篇。综合对现有文献的分析，当前学术界关于高校德育方法的研究主要集中在以下几个方面。

（一）关于高校德育方法重要性的研究

邹绍清等提出："思想政治教育方法是架设于教育内容和教育目的之间的桥梁，加强大学生思想政治教育方法的创新，对于充分体现大学生思想政治教育的时代性、科学性，提升大学生思想政治教育的感召力和实效性具有重要意义。"姜岩认为："新时期的高等教育肩负着培养社会主义事业建设者和接班人的重要使命，思想政治教育者必须切实加强和改进高校学生思想政治教育工作，不断在内容和方法上强化创新意识，以适应新的形势，迎接挑战。"黄艳认为："思想政治教育方法是教育主客体间实现交流和沟通的重要手段，是教育内容和教育目标间的重要纽带，做好当代大学生的教育方法创新对于教育管理起着重要的指导作用。"童政权等认为，当前改革开放和市场经济体制转轨的社会环境对大学生的思想产生一定程度的负面影响。"高校思想政治工作者要创新大学生思想政治教育方法，提高思想政治教育的针对性与实效性，才能把他们培养成社会主义事业的合格建设者和接班人。"

（二）关于高校德育方法类型的研究

张晓佳在硕士论文《中美高校德育方法比较研究》中指出，我国高校德育实施的主要方法包括课程教学法、党团活动、实践锻炼法、大众传媒、榜样示范法、心理咨询法等。杜勇等根据高校德育方法的改革和创新的要求，提出了引导式、渗透式、体验式、咨询式以及实现德育手段的现代化等德育方法。其中，"科学运用典型示范的方法，确立引导式德育方法；重视校园文化建设，确立渗透式德育方法；拓展高校德育渠道，确立体验式德育方法；贯彻因材施教原则，确立咨询式德育方法；借助大众传播媒介，实现德育手段的现代化。"邹绍清认为："将系统分析法、要素交互法和协同共生法等方法论运用于大学生思想政治教育，是拓展和创新思想政治教育方法的有益探索。"郭旭认为："演讲式教学法有利于调动学生的积极性、主动性，注重激发学生的参与热情；讨论式教学法是达到主客观双向交流的最佳方式；辩论式教学法可以培养学生多方面的能力，即思维能力，表达能力，应变能力。”

（三）关于高校德育方法体系的研究

曲建武、张贵仁等在《大学生思想政治工作科学体系研究》中对高校德育方法体系进行了比较系统、深入的研究。刘新庚等提出：“思想政治教育方法体系创新的基本目标，就是要建构一个现代新型的‘战略制导型’思想政治教育方法体系，该体系是以思想政治教育学科理论为基础，以现代信息手段为纽带，以‘战略制导’思想为主导，以思想决策方法和系统调控方法为支柱，集思想政治教育基本方法和特殊方法于一体的现代新型方法体系。”

（四）关于高校德育方法创新的研究

杨琳认为：“在新形势下，大学生的思想政治教育工作出现问题，高校传统思想政治教育方法已经很难适应。必须根据现在的形势，采用扬弃的原则，对高校思想政治教育方法进行创新与发展，以求促进现代高校大学生的健康、全面发展。”薛西英认为：“在新的历史时期，应积极探索高校思想政治教育的新途径和新方法。要增强思想政治上的敏锐性，要以人为本，关心学生，要抓苗头，防微杜渐；要抓热点，明辨是非；抓典型，正确引导；抓实践，让学生了解社会。”何飞龙认为：“高校思想政治教育形式的创新从三个方面着手：一是重个性化教育，凸显教育对象主体性地位和作用；二是增强教育对象的自我投入意识，充分发挥其‘内塑’效应；三是运用网络载体进行思想政治教育形式创新。”陈奎庆提出：“要从三个方面创新思想政治教育方法：其一，说教法与体验法结合；其二，研究法与人格法结合；其三，激励法与成就法结合。”

目前，研究高校德育方法的著作和论文成果丰硕，对当前学术界研究高校德育方法有较大的启发，但仍存在一些较为突出的问题：一是研究高校德育方法理论性的成果，缺乏同高校德育方法实践环节的密切联系，因而针对性不足；二是有些成果只停留在高校德育方法的实践层面，理性不足，提升不够，因而指导性欠缺；三是对高校德育方法的系统性、整体性研究不够，创新性高水平成果偏少。因此，高校德育方法的研究仍有很大空间，诸如，高校德育方法与高校德育效果的关系、高校德育方法体系构建、高校德育方法的继承与创新等问题都有待进一步深入探究。

第二节　高校德育方法的发展

一、高校德育方法的发展趋势

（一）由基于社会本位的单一课堂灌输向基于人的发展与社会的发展协调统一的多样化多层化的德育方法拓展

传统高校德育方法是以社会本位论为指导，以教师、教材、课堂为中心，以单一的课堂灌输为主要形式。在改革开放以前，中国高校的德育十分注重维护社会主义意识形态的统一性，反对和否定思想意识的差异性，在德育方法上非常重视恢复和发扬党的思想政治教育的优良传统，对于确立马克思主义的指导地位、加强社会意识形态功能以及统一整合社会道德价值观念起着积极的特殊作用。受当时社会经济政治环境的制约，高校的德育注重采取灌输、规范的手段与方式，强调德育的社会本质和整体性价值，忽视了德育对象的个性化及内在的主体性。德育的过程是对人道德知、情、意、行的培养过程，以单一灌输为主体的德育方法忽视了德育对象的主体性以及发展的可能性与现实性，面对层出不穷的新道德现象，必然缺乏应有的感染力和吸引力。

改革开放以后，世界的开放性、经济的全球化、多元性的文化与价值观冲击着传统的价值观基础，以单一灌输为主体的高校德育方法难以适应时代的需要。从高校德育方法的功能与价值取向看，仅以整体与社会秩序为价值取向，忽视德育本体的育人功能，忽视德育对象的情感体验和判断、选择能力的培养，忽视作为历史主体的人的价值和主体能动作用，必然造成德育效果的低下。高校德育方法要保持旺盛的生命力，走出德育的低效困境，必须实现德育方法的时代转换。

多元、多变的社会形势要求重视德育对象的主体地位和自主能动性，要求高校德育在新的环境下加强自主意识、认知能力培养和参与实践精神的塑造。无论是从社会需要出发，还是从人的完善发展出发，高校德育方法的功能价值都要转移到培养受教育者主体的自主性、能动性、创造性，提高道德判断能力和道德选择能力上来，这是诸多学者形成共识的高校德育方法变革的理论根基。从构建现代高校德育方法体系的角度出发，打破封闭的单一灌输式的德育方法，实施开放的多样化多层化的德育方法，是高校德育方法实现现代化转型的必然走向。高校德育方法及其理论观念的日渐丰富推动着德育实践不断突破和创新。

（二）由过于偏重政治教育的理论灌输向既重视政治教育、道德教育，也重视法制教育、心理教育的理论与实践一体化的方向扩展

德育方法是使德育内容产生德育效果的途径和手段，德育内容的变化制约和推动着德育方法的发展。随着时代的进步，德育内容发生了新的拓展，高校德育内容在原来的政治教育、道德教育基础上，又增添了法制教育、心理教育等新的内容。不同的德育内容需要不同的方法、手段与实施途径。政治理论的灌输、道德知识的灌输不是也不可能构成德育的全部。马克思主义理论及中国特色社会主义理论是一种知识，可以通过理论灌输让德育对象了解和掌握，但人的正确思想的形成不但需要正面的理论灌输和规范教育，更需要广泛的社会实践。

德育对象的道德理性、道德信念和道德情感的培养不仅需要理论的说教、疏导，更需要丰富的道德实践得以训练和养成。有学者认为，“德育不同于智育之处主要在于它涉及态度和行为，并最终落脚到内心的信念以及基于信念做出的外在行动”。脱离德育对象的生活实际和心灵世界，一味注重正面的道德灌输与管束，不仅禁锢学生的思想，压抑学生的独立意识与能动性，也妨碍学生自律能力的发展。德育是一种生活，既是高校师生共同构建的生活世界，也是个性聚会的心灵场址。德育的本质特征是实践性，德育方法的实施体现着德育实践的要求。因此，高校德育方法的现代化转换，就是要从单一的课堂授课向生活的全方位拓展，从过于注重理论灌输向基于知行合一的德性体验、道德感悟、道德养成的德育实践转进。

（三）由依赖传统经验与主观灌输向关注学生多方面发展潜能和德育实效的实践化、生活化、网络化的德育方法转变

在革命和建设时期，我国高校在德育工作的探索实践中逐渐形成了传统的高校德育方法。传统高校德育方法非常重视对大学生正确价值观的教育，积极引导大学生不断追求更高的目标，使他们确立马克思主义的坚定信念，树立共产主义的远大理想。教师在德育过程中主要以教育引导的方法把正确的价值观以讲解、示范、榜样、说服等具体形式从外界输入大学生的头脑中，并运用奖励、惩罚等手段来检验他们的学习成果，以此培养大学生优良的道德品质。

随着经济社会的发展与进步，人们对高校德育的认识有了新的变化，对德育方法的发展趋势有了较为深入的剖析。有学者认为，“我国道德教育从主流方面看至今还处于一种传统的模式中”，需要进行改革创新，德育方法论也呈现出主体转向以及生活转向，很多关于德育的论著都提出德育应该回归教育主体，回归生活。高校德育的实践表明，主观灌输的德育方法往往忽视鲜活的德育对象的特点和主体的能动性，置德育对象于被动的接受地位，使德育对象既感受不到灵魂

的触动，也无法把这些正面理论融入精神世界中。这既不利于道德主体的自我发展，更不利于内化于心、外化于行的德性修炼。进入21世纪以来，高校的德育呈现出开放姿态，开始摒弃缺乏主动性的形式主义的德育方法。高校德育方法研究与探索向着生活化、实践化、社会化、网络化的广阔空间拓展，把关注德育对象的多方面潜能、努力提高德育实效作为改进德育方法的基本观点，把立足真实的现实世界、向虚拟的网络世界开拓教育空间作为新的着眼点，在克服传统的德育方法的弊端中，在推进德育方法的现代化转化与创新中，构建适应新时代需要的高校德育方法理论与操作体系。

二、高校德育方法的发展条件

高校德育方法是随着社会的政治、经济、文化和科学技术的发展而不断向前发展的。高校德育方法的发展是传统高校德育方法向现代高校德育方法的转变过程以及现代高校德育方法的完善和深化过程。其发展条件主要有以下几个方面。

（一）社会发展内容的影响

培养社会主义合格建设者和可靠接班人是我国高校总的目标指向。目前，我国正处于全面建设社会主义现代化国家、向第二个百年奋斗目标进军的新阶段。这对党的思想政治工作提出了新的更高要求，也为高校德育方法的发展创造了条件。新时期高校德育工作应在德育培养总目标的指引下，进一步丰富发展德育方法，以适应新形势的变化。

（二）当代发展环境的变化

当今社会环境与以往相比，已经发生了翻天覆地的变化，随着世界一体化的不断推进，各种思想文化相互激荡，东方的与西方的、传统的与现代的、大众的与精英的、主流的与非主流的文化相互交流与冲突，对大学生思想品德的发展产生了重大影响。另外，现代科学技术尤其是互联网的迅猛普及，不仅为高校德育方法的发展提供了相关学科最新的理论知识，还能直接成为高校德育方法的一种技术手段，为高校德育开辟了一个广阔的空间，也给高校德育工作提供了巨大效能。这些变化能够促使大学生思维更加活跃、知识更加丰富、视野更加开阔，使原本相对滞后的德育内容与方法更具前瞻性、针对性和实效性。由此可见，当代社会环境的影响为高校德育方法的发展提供了重要条件，高校德育工作者也要根据这些新情况，不断发展和创新高校德育方法。

（三）高校德育对象的变化

当今“00后”大学生逐渐成为高校德育对象的主体，自从2018年首批“00后”大学生步入高校起，截至目前，其人数所占比例已近高校大学生的九成。高

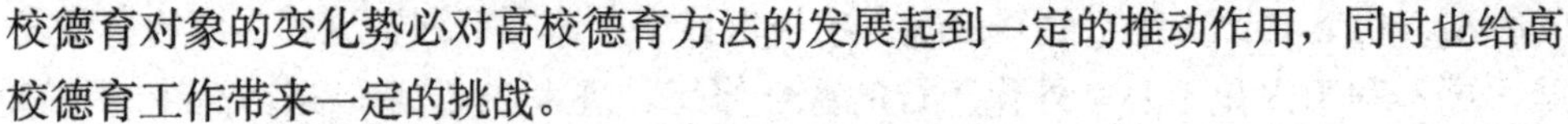

校德育对象的变化势必对高校德育方法的发展起到一定的推动作用，同时也给高校德育工作带来一定的挑战。

三、高校德育方法发展中的问题

高校德育在中国经济社会发展演变的宏大背景中不断地走向丰富和更新，因而，高校德育方法也必然需要在发展中走向丰富和更新。高校德育方法的丰富、更新过程，既是源于实践、付诸实践、服务实践、接受实践检验的过程，也是继承精华、抛弃糟粕、丰富理论、走向体系完善的过程。中国经济社会的快速发展，要求中国高校德育及其方法体系必须尽快实现从封闭系统到开放系统的转变，纠正泛泛研究与实践探索滞后的弊端，克服理论与实践二元分离的倾向，加强高校德育方法的理论创新，从而实现从传统到现代的转换，以适应新形势发展的需要。

实现高校德育方法的现代化转变，必须重新审视传统高校德育方法，从整个德育系统的角度剖析德育方法系统的弊端及影响发展的因素。传统高校德育方法体系的弊端之一是它的封闭性，这种封闭性表现为：①在内外关系上，注重外在价值与功能，突出强制性与规范性的德育方法，忽视德育双方的人格独立与价值创新，忽视道德的个体性、内在主体性；②在师生地位上，片面强调教师的指导作用，忽视学生的独立性、积极性与创造性；③注重知识内容的记忆、理论体系的掌握，忽视学生的情感体验和道德自觉；④在实施途径上，注重单一的课堂授课和理论灌输，忽视丰富的生活实践。

德育是一个鲜活的开放的育人过程，德育也是一个各要素相互联结、动态稳定、开放有序的生态系统，割裂了德育内外因素的有机联结，忽视道德品质的养成规律，忽略了德育在生活中的背景，必然会造成德育效果的低下。世界是发展变化的，高校德育的情境也在不断地发生变化。德育内部的每一个元素都不是孤立存在的，每一德育对象的生活境遇与生活追求可能都有所不同，以单一的灌输或管束方法，以强制性的规范与训练，以脱离生活实际的说服或诱导，恐怕难以达到德育的目标与效果，因为“生活世界是道德产生的土壤和最终归宿”，“只有植根于生活世界的德育方法论才有深厚的基础和强大的生命力”。因此，要实现高校德育方法的发展、丰富与创新，必须突破传统陈规戒律，打破封闭性，转向开放性，摒弃与生活世界隔绝的德育方法，抛弃缺乏主体性主动性的形式主义的德育方式，把教师的疏导和学生的自觉选择有机结合起来，把限制性说服与开放性说服有机结合起来，把道德他律与道德自律有机结合起来，建立更加开放的生活化、社会化的方法体系成为当前高校德育方法探索的重要问题。

第三节　高校德育方法的创新

一、高校德育方法的创新原则

德育作为人类的一种实践活动，“以人的思想活动为其工作对象、实践领域，较之一般的实践活动更具有特殊性和复杂性。因此，对方法的选择运用的创造性要求更高”。实现高校德育方法的创新，必须有正确的原则作为指导。这对进一步增强高校德育的针对性、实效性、吸引力和感染力具有十分重要的意义。实现高校德育方法的创新，必须坚持以下原则。

（一）方向性原则

我国高等教育的发展必须坚持社会主义方向，现代高校德育方法的创新也必须体现社会主义的方向性原则。因此，高校德育在实施方法上必须以马克思主义的立场、观点和方法为指导，这充分体现了我国高等院校发展的社会主义方向。

（二）主体性原则

高校教师在德育的实施过程中，不仅要把大学生看作具有主体意识和主体价值观、独立人格的人，还要把他们视为具有主观能动性和创造能力的独立个体。由于高校德育的对象是大学生，高校德育方法的创新要做到一切以学生为主，重视学生的主体地位。德育不再是一种外在的强制手段，而是作为大学生主动发展自己的重要途径，大学生也不再是被动地接受道德知识的机器，而是能动的德育主体，并有其内在的发展自身的要求。要把德育工作的着眼点放在大学生主体意识的发挥与培养上，逐渐把被动接受转换成主动接受。另外，教师与学生之间应建立平等的关系，教师要充分尊重和理解学生，对学生取得的进步给予肯定和表扬，并经常考察学生的兴趣和爱好，使学生自觉、主动地参加德育活动。

（三）系统性原则

高校德育工作是由一个庞大而复杂的系统组成，德育方法的创新与德育主体、客体、环境、中介以及这些因素之间的关系密切。高校德育的主体包括高校辅导员、思政课教师、其他专业课教师等；客体主要指高校学生；德育环境包括高校课堂、学生会和社团活动、学生寝室等；介体包括校园文化生活、学生家庭状况、社会风气等。这些要素内部以及各要素之间都相互联系并发生作用，如果主体、客体、载体和环境发生了变化，那么高校德育方法的选择自然也就不同。因此，系统化的方法要求高校德育方法要综合地考虑到各种因素的实际情况，通过对各种德育要素及其相互关系的正确分析和运用，使之共同为现代高校德育方法的创新服务。

（四）现代化原则

高校德育工作要随着现代社会的政治、经济、文化和科学技术的发展而不断变化。要增强高校德育工作的有效性，就必须紧跟时代变化的步伐对德育方法及时进行改进和创新，要实现德育方法创新的现代化，就必须在德育手段上实现现代转型。当前，我国高校德育发展面临诸多方面的问题，为实现我国德育方法的创新，就必须从当前的社会现实出发，结合经济全球化、信息网络化以及社会转型期的大学生思想特点进行改革。与此同时，高校德育工作还应解决在教学观念、教学内容、教学手段和教学管理等方面的现代化问题。德育课堂教学可综合运用哲学、伦理学、教育学、社会学、心理学等学科的学术前沿来分析和解决现实问题。实现德育方法创新的现代化不仅是德育手段的转型，也是高校德育工作整体改革的突破口。

（五）实践性原则

高校德育的本质是大学生在体验中感悟并生成道德的过程，而没有实践就没有体验，没有体验也就无所谓情感的共鸣、心灵的触动。大学生思想品德的发展与智力发展有本质的不同，他们可以脱离社会生活学习科学知识，但却不能脱离社会生活学习道德，因为道德是社会生活的规范和准则，真正的道德学习必须在社会生活过程中进行实践。因此，高校德育方法的创新不能脱离实践，否则，德育就成为不着边际的“假大空”，是低效甚至是无效的。高校德育的实施不应局限于大学的课堂和校园，大学生要走出校门、走向基地、走向社会，实现教学与实践活动相结合，从而增加情感交流和切身体验，加深对德育认知的理解。

二、高校德育方法的创新内容

由于传统高校德育方法着重强调外在环境对大学生的影响，因而其效用无法得到科学、合理的发挥。衡量高校德育的实际效果，要看德育方法是否与当代社会的发展方向相符合，是否与大学生的身心发展规律相一致。高校德育方法在内容上的创新，要求德育工作者根据时代要求和发展趋势以及学生思想动态，在继承传统高校德育方法的基础上逐步实现。从高校德育的实践来看，高校德育方法的创新内容主要围绕以下五个方面展开并不断探索。

（一）咨询式德育方法

心理咨询主要是在意识层次上进行的一种教育性、指导性比较明显的活动，它不仅是保护人们的身心健康所必需，而且是塑造健全人格，开发人们潜能的有力手段。当代大学生由于受到自身以及外界等因素的影响，心理承受能力弱，遇事不够沉稳冷静，抗压和抗挫折能力差，甚至因为病态心理而导致行为的失误，这些问题的存在深刻影响着大学生的日常学习生活和个人的身心健康。积极开展大学生心理咨询活动是高校德育的一个重要途径，对大学生进行心理咨询的过程，实际上也是实施高校德育的过程。

咨询式德育方法不仅能够解决大学生的心理健康问题，更能帮助、启发和教育大学生树立良好的思想道德品质。高校德育以咨询式方法为载体，既有助于心理疏导工作的顺利进行，又能够促进高校德育工作的科学化。因此，高校要把咨询式德育方法融入德育工作中，重视心理咨询机构的构建，经常为学生进行心理咨询方面的专题介绍，开展有关心理健康类的知识讲座，帮助大学生建立更多维护、救助自身身心健康的途径。同时，还要将心理咨询渗透到课堂教学中，通过课堂互动让学生学习必要的心理健康知识，提高心理自我保健意识和抵抗挫折的能力。高校德育工作者也要积极学习心理教育方面的知识，加深对咨询式德育方法这一新兴载体的认识和熟练运用。

（二）体验式德育方法

大学生养成良好的道德行为仅仅依靠理论知识是不够的，必须付诸实践，知行统一。体验式德育方法能够让大学生通过深入生活，了解生活的底蕴，增加对人生的感性认识、初始认识，建立初始信念。例如，社会生活实践是让学生在社会生活中通过体验和实践形成道德，在做中学、在做中感悟；社会工作实习是对课程的社会实践，培养大学生的学科专业态度和职业道德；志愿活动是大学生通过义务劳动实现对他人的帮助，获得自身价值的满足，体现了当代大学生自我价值的实现，可以增加大学生的荣誉感和责任感，对其树立正确的世界观和价值观有积极的作用；生活劳动可以净化心灵、陶冶情操，培养艰苦朴素、艰苦奋斗的优良作风，有利于大学生形成积极进取的道德品质和热爱劳动的思想感情；日常生活交往能够促进大学生形成民主、公平的交往氛围，对于大学生道德的养成具有积极作用；专业实习是大学生对所学专业进行的社会实践，能够熏陶大学生的学术精神、加强学术责任感，为今后的学术深造打下坚实的基础。

（三）渗透式德育方法

高校德育的渗透式方法着重强调德育的潜移默化作用，要求在德育过程中转变传统观念，在实践活动中渗透德育内容，从而在无形中使大学生接受道德教化。传统高校德育方法主要强调正式课程的显性影响，在一定程度上忽视了隐性课程的渗透作用，使德育工作缺乏实效性，而渗透式德育方法的运用逐步成为当代高校德育发展的一大趋势。要开展各种形式的非正式课程，把德育工作渗透到大学生生活的各个方面，通过开展具有教育意义的场景和活动对大学生施加影响，使其在无意识中得到教诲。而良好的校园文化是一种无形教育，要加强校园文化建设，努力塑造校园精神，弘扬富有时代特色的校园精神主旋律，如创建文明校园、文明班级、文明宿舍等。与此同时，在校园文化建设中，要积极倡导为人师表、尊师爱生的风气，有意识地对学生实施思想教育。还要充分运用学生自主的力量，让学生自己发现问题、解决问题，创设优良的道德氛围，发挥学生干部的模范带头作用，协调各方面关系，弘扬正气，使不良习气无立锥之地。

（四）引导式德育方法

传统高校德育方法通过指挥命令的方式进行德育，认为只要对学生严加管教，奖惩分明，德育工作就能收到良好的成效。但事实上，这种德育方式容易造成师生之间的沟通阻碍，学生也不是由于内心的需要而接受德育的，这必然会减少学生对德育的兴趣，因而，这种德育方式的效率很低。高校制定的一些规章制度和纪律来规范大学生行为对于维护秩序稳定是必要的，但是部分高校德育工作者往往把目光局限于或偏重大学生的日常行为及遵纪守法方面，并不做深入细致的引导工作，把塑造性和教育性很强的德育工作看作防范学生不出事、不闹事的看管工作，形成以约束式为主的德育方法，而这种方法很难适应新形势的要求。因此，高校德育工作必须从约束式方法向引导式方法转变。由于当代大学生的自主意识和自主能力逐渐增强，教师要加强与学生之间的情感对话和交流，倾听他们的心声，通过这种互动形式使学生感受到自己受到关怀和尊重，这样学生才会积极主动地参与高校德育活动，德育效果也会十分显著。

（五）媒体信息式德育方法

现代媒体以信息量大、传播速度快、影响范围广而对当代大学生的生活方式、学习方式、交往方式、娱乐方式甚至语言习惯等产生了广泛的影响，也给高校德育方法的创新提供了全新的工具。随着网络技术的发展与普及，它所具有的方便性、快捷性和娱乐性等更容易被大学生所接受，借助网络平台对大学生进行思想品德教育已成为高校德育方法创新的一条重要途径。人民网公布的《2015年中国大学生媒体使用习惯调查报告发布》中显示，“大学生几乎每日会接触互联网，超过 90% 的人使用时长超过两小时，近七成大学生每日接触电视时间在半小时以上，过半数大学生不接触报纸”。因此，高校德育无论从内容和形式上，还是从量与质的规定性来说，现代媒体信息都已经成为高校德育工作的新领域、新阵地。现代传媒尤其是互联网以其信息量大的特点充实了高校德育的内容，高校德育方法的实施从静态转向动态，德育内容变得丰富而全面。实施德育的过程中能够通过媒体的声音、信息摆脱时间、空间等限制，得到迅速而广泛的传播，便于教师以丰富的历史文化知识和现代科技信息完成高校德育任务。

三、高校德育方法的创新思路

高校德育方法的创新思路是对高校德育未来发展趋势的研究，对于指导高校德育实践、提高德育的实效性具有重要的理论和现实意义。基于对高校德育方法创新问题的分析，高校德育工作者必须更新观念，总结传统和现代经验，充分掌握当代大学生的实际需求，切实把握高校德育方法的新特点，探索和寻求具有中国特色和时代特征的高校德育新方法。

高校应以德育工作为先，以学生为本，以社会现实为风向标，以爱国主义为主题，培养大学生形成正确的世界观、政治观、人生观、道德观、价值观以及现代化的思想观念。“在新形势下，思想政治教育大力宣传解放思想、实事求是、与时俱进等时代精神，有利于旧的思想观念和思维方式的改变，有利于思想的解放和思维定式的突破。”因此，高校德育工作者要解放思想，不墨守成规，树立开放意识，提高创新能力，完善知识储备，善于独立思考，捕捉时代信息，实现与社会主义市场经济相适应的德育思想观念的转变。

创新高校德育方法的目的是要实现德育的实用性和有效性，而德育方法发挥作用的关键是看其能否满足大学生的内在需要。因此，高校德育方法的创新要建立在对大学生需求的正确认识和理解之上，掌握其物质生活和精神生活的实际情况。高校德育方法的创新要因势利导，把引导和满足大学生需求作为德育工作的重要出发点，充分关注大学生自身生存与发展的需要，使高校德育方法增加亲和力、吸引力和感染力。高校德育工作只有满足当代大学生自我发展、自我实现的强烈需求，才能使他们获得崇高感、价值感和幸福感，才能为他们自我价值的实现提供良好平台，从而为高校德育方法的创新奠定坚实的基础。

理论是行动的指南，要加强高校德育工作的针对性、系统性和创造性，需要对高校德育方法进行深入的理论研究。创新高校德育方法不能只局限于改变其表现形式，而是要尊重高校德育工作发展的客观规律、大学生思想形成和变化的规律等。还要在理论探索的基础上不断总结，把实际工作中积累的感性经验上升到理论的高度，将在局部上探索的新方法和新经验广泛推行，使之在更大的空间发挥作用。

为了保证高校德育方法的不断创新，高校必须建立完善的、行之有效的德育方法评价机制，使德育方法评价的实施经常化、制度化。评价标准的设立要从客观实际出发，考虑是否有利于大学生道德人格的形成及完善。要改变过去那种单一性、片面性的评价方式，根据实际工作情况，可运用多种多样的评价方式。坚持领导评价、同行评价、学生评价和教师自我评价的有机结合，这样能保证评价的全面、客观。目前，我国许多高校并没有建立和形成高校德育方法的评价机制，因此，建立科学、完善的评价机制势在必行。

第四章　高校德育目标论

德育目标是高校德育研究中常论常新的热点问题。因为，虽然我国的社会制度不变，培养社会主义接班人的教育目标也不变，但不同的历史时期和社会背景下，时代的发展给高校德育工作带来了新的冲击，提出了新的要求，原有的德育目标中不相适应的地方逐渐凸显。为了适应时代的变化，高校德育工作首先要明确高校德育的目标定位，这是高校德育活动的前提，德育目标的确立与实现是高校德育工作的出发点和落脚点，对我国的人才培养具有极其重要的意义。因此，要培养适应时代发展的高素质创新型人才，就必须建立新的高校德育目标体系，以提高德育的实效性。

第一节　高校德育目标概述

一、高校德育目标的含义

要对高校德育目标的含义进行厘清和界定，首先要理解“目标”的内涵。何谓目标？根据《辞海》的解释，目标的含义有两个：一是指目的；二是指标的、对象。目标是指在一定条件和环境下，经过预测，个人或组织行为活动所期望达到的标准或结果。作为活动结果的评价标准，目标在社会活动中通常具有导向作用，同时对结果的实现起到整合或控制等作用。

要理解高校德育目标的含义，还要明确“德育目标”的意义。这是因为高校德育目标与德育目标有一致性。在一定的德育结构中，德育目标处于核心地位，它对该德育结构中的其他构成要素及其相互关系具有决定性作用。高校德育目标的含义可以概括为：在一定时间内，高等院校教育工作者根据社会的要求与人的发展要求，通过道德教育实践活动使大学生的思想、品德及心理素养等方面所要达到的预期效果，也是一定社会对大学生在思想品德和心理素养等方面所要达到的水平及其标准的总的要求和规定。它是高校德育工作的出发点和归宿，决定了高校德育的内容、方法、机制和评价等各个方面；对整个德育过程起着指导和控制等作用，对大学生的德育行为具有支配和激励的作用。

二、高校德育目标的基本内容及特征

（一）高校德育目标的基本内容

①坚定的政治方向。要求教育对象具有爱国主义思想，拥护党的基本路线和方针政策，确立献身于建设中国特色社会主义事业的政治信仰。②扎实的理论素养。要求教育对象努力学习马列主义、毛泽东思想、邓小平理论、“三个代表”重要思想、科学发展观、习近平新时代中国特色社会主义思想，树立正确的世界观、人生观和价值观，掌握科学的思想方法和工作方法。③良好的道德品质。要求教育对象能够正确处理个人与集体、奉献与索取的关系，具有艰苦奋斗的精神，强烈的社会责任感和历史使命感。培养遵纪守法、诚实守信、助人为乐的优良品质。④健康的心理素质。要求教育对象具有良好的个性心理品质、较强的心理调适能力及克服困难的意志品质，培养健全的人格。⑤高尚的审美情趣。要求教育对象有正确的审美标准，培养辨别善恶美丑的能力，本着为人民服务的宗旨，结合自身学习经验和工作实践，为社会创造更多更好的物质产品和精神产品。

（二）高校德育目标的基本特征

第一，阶级性和历史性。德育目标的阶级性是指德育目标总是为一定的统治阶级服务的。在阶级社会，反映一定阶级对德育的要求。高校德育目标是整个德育目标的重要组成部分，因此也具有阶级性。在不同的历史时期，在社会的连续发展过程中，社会的政治、经济、文化等各个方面对人的要求既体现各自的特点，又存在共性的一面，因而在德育目标的发展中，必然存在历史继承性。

第二，导向性和时代性。高校德育目标的合理与否直接关系到德育性质和活动效果的好坏。它统领整个高校德育活动的开展，为高校德育活动指明正确的方向，保证教育活动不偏离预定的轨道并取得预期效果。时代性是指高校德育的目标必须反映时代的精神和时代的特征，紧跟时代的步伐，去除陈腐守旧的观念，根据现实的要求，着眼于未来，不断充实高校德育目标与规格，在新的目标体系下引导德育活动的各个环节。

第三，前瞻性和现实性。前瞻性要求高校德育目标具有一定的预见性，评估现实生活的未来指向，充分考虑到社会的发展对高校学生的期望和要求。现实性是指高校德育目标要从社会的现实环境和高校学生的道德水平现状出发，对受教育者提出思想道德品质发展的具体要求。前瞻性和现实性具有统一性，高校德育目标必须立足于我国社会发展水平的现实，没有这一点，高校德育目标就会偏离

现实社会，所培养出来的人才也就不能适应社会发展的要求。但是如果高校德育目标缺乏对现实性的超越，高校德育就会失去引导高校学生在道德方面前进的动力。简单地说，现实性是基础，前瞻性是发展方向。

第四，一致性和差异性。一致性是指高校德育目标必然要与整体的德育目标体系相一致，符合一定时期社会理想价值的总体要求，反映教育总目标的要求。但一致性并不表示排斥差异性。差异性是指在德育总体目标下的不同层次和类别的更为具体的目标，是针对教育对象的个性差异及多样性而制定的具体目标。一致性与差异性的辩证统一实现了共性与个性，其特征符合马克思主义关于人的全面发展学说的本质含义。

三、高校德育目标的研究意义

（一）高校德育目标研究的理论意义

首先，研究高校德育目标有利于高校德育体系整体结构的优化。德育目标在德育体系中处于核心地位，起着统率作用，德育目标的设定直接关系到整个德育体系中其他要素的发展方向及价值取向，也为德育活动的评价提供了可靠的依据。如果德育目标的设定不合理或者滞后于时代发展，就会阻碍整个德育活动的开展，德育效果就会出现问题或偏差。因此，为了提高德育的实效性，就必须对德育目标进行反思，设置科学、具体、适当的道德目标。

其次，研究高校德育目标有利于高校德育学科的发展和创新。德育目标是德育学科研究的重要组成部分，其研究成果直接关系到整个德育学科的发展和创新。由于过去高校德育目标过于政治化、笼统化、抽象化和“非人格化”，导致高校德育活动一度陷入了形式化，使高校德育学科的发展受到了极大限制。因此，高校德育目标体系的发展必须适应时代发展的需要，不断地进行调整，只有这样才能促进整个高校德育学科的发展和创新。

（二）高校德育目标研究的实践意义

首先，高校德育目标研究的发展和创新是适应信息时代发展的客观需要。信息时代的德育具有开放性、交互性和创造性等新特征，也为高校德育目标的建构提出了新的课题。面对信息时代及计算机技术的迅猛发展带来的全方位变革，高校德育不能因循守旧，必须采取积极的应对措施，运用新的工具和手段，不断拓展德育工作的领域。

其次，高校德育目标研究的发展和创新是世界全球化发展的必然结果。全球化成为世界发展的必然趋势，也引发了一系列的全球性问题，由此产生的伦理冲突和道德困惑对高校传统德育目标的价值取向，甚至我国高校德育目标的社会主义性质造成了影响，所以，全球化背景下的高校德育目标应该是既有社会主义特色，又要适应全球化的发展趋势，形成多层次的高校德育目标体系。

最后，高校德育目标研究有利于实现“学校人”与“社会人”的同构。由于高校过去是一个相对独立的文化教育系统而与社会相隔膜，传统的德育目标总的来说定位于“学校人”，忽视了大学生作为“社会人”的教育，出现了“好学生”不一定是“好公民”的怪现象。然而，在社会高速发展的今天，为了使学生能够顺利地适应和融入社会，并尽快地被社会接纳和认可，必然要求高校将学生培养成“学校人”与“社会人”的有机统一，这也是当代高校德育的主要目标和根本任务。

四、高校德育目标研究述评

从学术著作来看，近年来，国内学者有关高校德育目标的研究成果很多，其中有一定影响力的包括：龚海泉所写的《当代大学德育史论》《走进新世纪的高校道德教育》，戚万学、杜时忠共同撰写的《现代德育论》，詹万生所著的《整体构建德育体系总论》和《中国德育全书》，鲁洁、王逢贤主编的《德育新论》等。这些著作中关于高校德育目标的研究具有很强的时代性、前瞻性、系统性等特点，对于我们研究高校德育目标体系的构建具有较大的参考价值。

通过对资料的整理和分析，笔者将高校德育目标的研究概括为以下五个方面。

（一）关于高校德育目标历史演进的研究

对我国高校德育目标的发展过程进行回顾，其中叶芳云、王博以“文革”和改革开放为历史临界点，提出了高校德育目标从传统向现代的转变轨迹，同时提出了当今高校德育目标忽视主体价值的缺点；把高校德育目标划分为确立、曲折发展、恢复和创新四个阶段，指出了我国高校德育目标存在的泛政治化、共性与个性发展不平衡等问题。

（二）关于高校德育目标构建依据的研究

对于高校德育目标构建的依据，现有研究主要围绕思想、现实与个体三个方面。其中王腾分别从宏观与微观的视角分析了德育目标确立的依据，体现了我国德育的时代特点。

（三）关于高校德育目标定位的研究

高校德育目标的定位要顺应时代发展，从政治性功能为主适当转向生产性功能，德育目标的起点应从关心人、爱护人出发，最终落实到人的全面发展上。

（四）关于高校德育目标层次性的研究

学者们从不同角度来理解高校德育目标的层次性。张受地从德育目标的考核标准的角度分析，认为高校德育目标分为不合格、合格、良好、优秀四个层次。陈炳试图将新时期高校德育目标内化为“大学人”“社会人”“共产党人”三个不同层次并以此来指导高校的德育工作。刘业英从高校德育目标的结构角度分析，认为高校德育目标是一个体系，是包括总目标与具体目标、普遍目标与特殊目标、远期目标与近期目标的多层次体系。

（五）关于高校德育目标中外比较的研究

刘艳芳、刘於清在《中美大学德育目标比较研究》一文中对中美大学德育目标进行同质性与异质性的比较，从而提出我国高校德育目标要体现开放性、时代性、民族性等特点；许克毅、庚荣在《中外高校德育目标的比较研究》一文中对中国与美、英、法等国之间的高校德育目标的差异性进行了分析。

综上所述，相关专家学者针对高校德育目标在不同的历史时期、从不同的角度都有过较为全面、系统的研究，不仅对当时的高校德育工作起到很好的指导作用，也为我们今天研究高校德育目标奠定了坚实基础。但高校德育目标的构建必须具有极强的时代性和前瞻性，所以，我们在汲取和学习原有研究成果的同时，必须站在新的历史时期，以发展的眼光对高校德育目标的构建进行时代审视和科学定位。

第二节　高校德育目标确立的依据

一、高校德育目标的理论依据

（一）马克思主义关于人的全面发展的学说

在马克思主义政治经济学理论中，在资本主义劳动过程中由于分工导致了人的片面的、畸形的发展，相对于人的片面发展而提出人的全面发展学说。在《资本论》中马克思提出“未来教育”（即社会主义社会的教育）的原则和目标是要造就“全面发展的人”。马克思关于人的全面发展理论的深层意蕴在于它为人的全面发展设了一个最高的价值目标。对其理解主要体现在以下两个方面。

第一，全面发展的人是能力多方面发展的人。马克思认为，人的发展既包含一个人本身所具有的自然力，同时还包括作为主体的人经过在社会实践中的学习、锻炼而逐渐形成并积淀获得的知识、经验、体悟、意志等精神因素。人的发展其实质是指人的能力的发展，“任何人的职责、使命、任务就是全面地发展自己的一切能力”。因此，人的全面发展首先应该包括人的活动及其能力的全面发展，即体力和智力、自然力和社会力、个体能力和集体能力、潜在能力和现实能力的全面发展。

第二，全面发展的人是在丰富的社会关系中得到发展的人。“社会关系实际上决定着一个人能够发展到什么程度。”马克思认为人的全面发展的另一个本质特征是人的对象性关系的全面生成和个人社会关系的高度丰富。恩格斯同样指出：“人的全面发展是要使自己的成员能够全面发挥他们的才能。”人的社会化过程中个人对各种社会关系进行全面的控制和发展。

第三，全面发展的人是具有自由个性、自由发展的人。人的全面发展首先是与社会发展相一致的发展，但并不意味着抹杀人的个性发展。个性的自由发展是人全面发展的基本条件，就是个体可以根据自身的天赋和兴趣、性格、环境条件等充分发挥自己的特性，自主选择未来发展的方向和路径，使潜能得到最大限度的发挥。人的独创的和自由的发展是一个不断丰富和发展的过程。人的全面发展，是在个性自由发展的基础上达到全体社会成员普遍的全面发展。“以人为本”的思想既是我党在新世纪、新阶段的核心执政理念，也是马克思主义有关人的全面发展理论在当代中国的新飞跃。

马克思关于人的全面发展理论是新时期高校德育工作的重要理论依据，“培养全面发展的人才”成为高等教育基本的任务和目标。

（二）关于系统论的学说

学校德育是一项系统工程，要实现最佳德育目标，必须运用系统哲学，从唯物主义辩证法所揭示的事物发展规律出发，着眼于德育的整体系统，来确立并实现最佳的德育目标。

系统是指由若干存在相互联系和相互作用的部分结合而成，具有特定结构和功能的整体，单个的小系统是更大系统的组成部分。系统内各组成部分相互协调则实现其整体的功能大于构成该系统的各部分功能之和。因此，在高校德育过程中，必须运用系统观念，调整系统结构，理顺各要素之间的关系，使系统优化，形成正向合力，从而实现最佳德育目标。

从整个社会系统来看，高校德育目标的确定要依据社会发展的需求，同时考虑高校德育目标的实现可能性，关注整体社会系统的内部协调，确定可能实现的最佳目标。目标设定既要适应社会发展的要求，又要具有一定的激励作用，调动教育者和受教育者的积极性。

从整个高校德育系统来看，其整体性决定了高校德育目标的制定必须符合高校德育的整体要求；其开放性和适应性决定了高校德育目标并非固定不变的，应

随着高校德育的发展而不断完善；其联系性决定了高校德育目标在制定过程中必须与高校德育的内容、方法等诸多因素相适应，并建立信息反馈渠道，同预定目标进行比较，找出差距，并采取改进措施，以确保高校德育目标的顺利实现。

从高校德育目标子系统来看，由于系统具有层次性，因此，高校德育目标制定的具体内容也要具有层次性。将高校德育目标分为不同层次的子目标，有利于教育者和受教育者对目标的理解和实施。

二、高校德育目标的现实依据

（一）要与党和国家的要求相一致

高校德育目标的确立必须以党和国家的奋斗目标为依据。党的最终目标是实现共产主义的社会制度，这是建立在对社会发展规律的科学认识基础之上的。在实现这一目标的每个历史发展阶段，党和国家会根据社会经济、政治、文化的发展水平，制定出阶段性目标。高校德育目标的确立必须与国家的奋斗目标相适应，只有如此，高校德育目标作为人才系统的一部分，才能为党和国家的奋斗目标的实现发挥其应有的作用。

（二）要适应时代和社会发展的需要

虽然德育目标是对人的思想的规定，具有很强的前瞻性，但是由于现实依据制约着德育目标的实施程度，在制定高校德育目标时必须充分考虑这些因素的重要影响，以保证高校德育目标构建的科学性。

首先，全球化的挑战。全球化浪潮不仅是世界经济的发展趋势，其所具有的开放性更是超越了国家疆域范围，使各国的政治领域、文化领域越来越受到影响。因此，在全球化的背景下，高校德育目标必然做出相应调整。过去以一元的社会价值理念为前提的德育目标和内容不得不面对全球化带来的多元文化的碰撞，进而与之交融和整合。因此，与过去那种从制度和阶级需要出发的德育目标相比，现代社会更加注重个体的个性发展；德育目标除了关注培养学生的政治意识以外还将社会和平与发展、生态环境可持续发展等理念融入高校德育目标。

其次，信息网络化的挑战。自20世纪中叶以来的信息技术革命加速了全球一体化的进程，也为现代教育技术和教育治理的实现提供了全新的环境。“科教兴国”战略创造了尊重科学技术、重视人才的舆论氛围，激发了当代大学生开拓创新，迎接世界挑战的巨大热情。然而，网络信息多元化的特征以及大量各类思潮及观点未经筛选直接进入了大学生视野，这对世界观、价值观和人生观正在形成的大学生来讲极具挑战，如果没有正确的引导，大学生在选择和接受的过程中，极易造成其思想意识方面的偏差，同时加大了高校德育主流意识教育的难度，使“用德育的主导理念统一学生思想”的方式受到阻碍，对高校德育目标的确立提出了新的要求。

最后，经济体制转轨带来的挑战。当代中国正处于传统社会向现代社会转化的关键时期，转型带来的变革是极其深刻而迅速的。市场经济的确立与发展促进了人们思想观念的转变与更新。同时，市场经济过程中所呈现的竞争性和功利性的特点，也会导致社会关系中的个人主义、实用主义等思潮呈现负面影响。在当代大学生中同样有两种体现：既呈现出蓬勃向上的道德风貌，开拓进取、自强不息，又存在拜金主义、实用主义等不良的价值观念，后者会导致个别大学生人生观、道德观畸变。因此，必须建立与之相适应的高校德育目标来引导和培养大学生的道德观。

（三）要满足大学生个体发展的特点

构建高校德育目标必须考虑大学生特定的身心发展水平和思想品德状况。这是因为在经历了小学和中学阶段的培育后，大学生已经具备了一定的品德修养、思想认识和政治观念，同时他们的自主意识日益增强，认知能力不断提高，进入世界观、人生观、价值观的定型期。但是，由于每个大学生所处的具体情况不同，在生活、学习、人际交往等方面都会有各自不同的具体现实思想和价值观念。因此，高校德育目标既要根据大多数学生的特点，保持一定的共同性，又要考虑学生的个体差异性，这样才能有的放矢，取得实效。

确定高校德育目标要从人的发展角度来考虑，大学生在追求个性和独立的同时，还表现出一定程度的依赖性和趋同性。大学生思想品德结构的特点：一是成才立业的愿望较强，但艰苦创业意识较弱；二是自主意识较强，但自律自理能力较弱；三是人生进取精神较强，但集体主义观念较弱；四是社会道德认同感较强，但基础文明素质较弱；五是政治上进取心较强，但辨析能力较弱。以上特点在高校德育目标的制定中应该得到充分的考虑，按照教育对象的知识水平、思想认识能力、身心发展的实际情况与阶段性特征，找准侧重点。

第三节　高校德育目标的审思

总体来看，中华人民共和国成立以来，关于高校德育目标的研究已经取得相当大的成绩和进展，但是，在高校德育实践过程中，德育目标的设定仍然存在很多问题。通过观察德育目标存在的现实困境，科学地分析德育目标失效的原因，对合理构建新时期高校德育目标具有重要的现实意义。

一、高校德育目标存在的主要问题

第一，德育目标的政治化倾向明显。受特定历史时期的影响，在过去很长的一段时间内，我国高校德育目标的设定过多注重政治教育和理想教育，具有明显的政治化倾向。不能否认在特定的社会历史条件下这种教育模式是完全必要的，而且还取得了一定成效，对促进社会稳定起到了一定作用。但是随着改革开放的深入，我国社会发生了深刻变化，这种倾向理应随着形势的变化而调整。必须将人才培养与建设社会主义现代化的需求相结合，培养为国家建设做出较大贡献的一代新人。因此，除了政治教育之外，人生观教育、公德教育、法纪教育、爱国主义教育、心理健康教育及审美教育等方面也是高校德育目标的基本内容。

第二，德育目标过于笼统化。长期以来，我国高校形成了依照同一标准和方法培养具有统一思想和行为模式的教育对象的传统，这种做法最突出的弊端体现在其忽视了德育实践中受教育对象个体的差异性和层次性。受教育对象的成长经历和教育背景各不相同，原有的道德品质基础和素质能力也千差万别，整齐划一的高校德育目标不切实际，注定低效甚至无效。毋庸置疑，依据这样笼统的缺乏层次性的目标培养出来的大学生容易缺乏独立人格、坚强的意志和创新性的智慧与能力，远远不能满足我国经济社会发展对于人才的需求，也背离了高校德育的初衷。

第三，德育目标过于抽象化。德育目标是高校德育实践的基本依据，脱离社会现实和大学生的实际情况而设定的那些仅存在于假设和真空情境中抽象的德育目标，无法在现实实践中落实，德育只能流于形式，名义上“落实”，实际上“落虚”。德育目标的抽象化表现为德育目标脱离实际的“高、大、空”，让学生觉得目标遥不可及，找不到具体的方向；德育目标过于抽象化还表现为德育目标在整个教育体系中的错位，大学、中学、小学各阶段的德育目标倒置。德育目标抽象化往往导致目标定位的失误，易使学生产生抗拒和逆反心理，最终造成德育的低效、无效，甚至负效。

第四，德育目标“非人格化”。“非人格化”的主要体现是德育目标过于完美，德育榜样更是完美高大，学生在缺乏充分自我认识的情况下，只能盲目模仿或者索性放弃，因此起不到德育的根本作用。在高校德育过程中弱化和忽视了“人”和“人的教育”，对于学生的情感培养考虑不够，没有把对学生的培养、学生的发展作为终极目标。高校在实施德育目标时，强调结果导向，对于受教育对象的本质和表象认识不清，很多德育工作者把学生界定为“缺乏自制力和责任，自私和懒惰的”，因此在德育过程中偏重监督和强制，学生处于被动和被驱使的地位，损伤了他们的积极性和主动性，更别说创造性的发挥了。高校德育目标设定的根本出发点应该以人为本，以学生的发展为依据，将学生置于教育和管理的中心。

二、高校德育目标现存问题的原因探析

第一，目标制定缺乏系统性。从我国高校德育目标的发展进程来看，虽然在不同历史时期，德育目标根据我国不同历史时期的变化有所调整，但是，从整体来看，德育目标的制定缺乏系统性。德育目标体系是由总目标到具体目标所构成的一个层次复杂的系统，是由若干个相互联系、互相依赖、互相作用的目标要素组成的，下一级目标通常是实现上一级目标的手段。因此，在制定高校德育目标时必须从系统的角度去考虑，这样总目标和各分级目标之间左右关联、上下一贯、彼此呼应、汇成一体，从而构成一体化结构的高校德育目标体系。

第二，目标设定脱离现实。我国是一个民族文化传统较为浓厚的国家，受到两千多年来封建传统的影响，德育目标的设定中也体现了较明显的民族保守性和封闭性特点，无法适应市场经济时代开放性的要求，存在否认调动人的积极性的空想化倾向。现代化的市场经济实践要求有现代的价值观念和伦理精神的支撑，这使德育目标的建立适应社会的发展，做到与时俱进。

第三，目标实施不足。受“应试教育”的影响，道德教育在很大程度上被理解为道德理论的知识传授，尤其在高校，道德教育往往体现在德育课程的分数上。学生的德育评价与评奖学金、评优等活动挂钩。党和政府多次强调要将德育放在首位，但在实践过程中仍然存在严重的重知识理论轻行为实践的问题，呈现出明显的应试化、智育化等倾向。学生道德素质高低的评价是以考试分数的多少为基本标准，对日常道德的表现评价不足，缺乏科学的方法和依据。这种做法往往造成了学生的道德行动力和道德判断能力得不到真正的提高，学校德育的目标也无法真正实现。高校德育仅仅依靠理论传授是远远不够的，在德育大环境发生变化的新形势下，德育评价的内容、途径与方法等都应开拓新的辅助渠道，特别是在德育实践方面积极创新。

第四，目标建立忽视个体价值。德育目的设定依据分为“社会本位”和“个人本位”，出发点不同，设定的德育目的和道德价值观念必然有所差异。受中国的传统文化影响，社会价值体系更加认同以“社会为本”的理念，从而导致某种程度上对“社会本位”的认识过于绝对化，忽视个人的利益和发展，不尊重个体价值的存在。

第五章　高校德育价值论

高校德育价值理论是高校德育理论的重要组成部分，是确定德育目标、选择德育内容、设计德育结构、确定德育方法的重要前提和依据。在新的历史条件下重新审视高校德育价值的意蕴，深入剖析德育价值取向，探讨德育价值创造与德育价值实现的路径，对于丰富高校德育理论，实现高校德育的价值追求，具有极为重要的理论意义和实践意义。

第一节　高校德育价值概述

一、高校德育价值的内涵和特征

（一）高校德育价值的内涵

德育价值问题是德育的基本问题。德育价值的内涵意蕴既体现为德育价值在德育中的地位与作用，也包括德育价值的概念、本质与意义。从地位角度说，德育价值是德育目标确定的依据，是德育工作的出发点与落脚点。从概念内涵意蕴看，德育价值就是作为客体的德育活动对作为价值主体的社会、个人的需要满足与否、促进与否的关键。德育价值反映的是德育活动的属性、功能与德育价值主体需要之间的关系。“价值是主体的需要在客体功能属性上的对象化反映。德育价值是德育价值主体的需要在德育这一客体功能属性上的对象化反映。”德育的价值主体是在德育价值关系中对德育需要的主体，德育价值主体对德的需要产生了对德育的需要，但德育价值主体对德的需要仅仅是实现德育价值的重要前提之一，德育价值的实现还有赖于德育价值客体属性满足德育价值主体的需要的功用属性以及德育客体与德育主体需要的现实关系。

德育价值的实现程度取决于德育客体，即德育实践活动能否反映德育主体需要以及满足德育主体需要的程度。德育价值客体是反映或满足德育价值主体需要的对象。作为德育价值客体的德育实践活动，具有培养人、造就人的特殊属性。德育实践活动不仅要依据社会的发展对个人的“德”的需要，还要根据品德形成与发展规律，提高德育对象的道德境界、人格品质，满足德育对象的德性需求。德育正是以这种活动来实现，来满足价值主体对培养、培育人的需要，德育价值客体也正是以这种活动来标示自己的特殊属性和实现自身功能的。德育客体的功能属性与德育主体的需要以及二者之间关系的“契合”构成了德育价值内涵概念的中心链条，作用于德育价值意义的实现。因此，高校德育价值应当是德育主体需要与德育客体功能属性的辩证统一，德育客体满足德育主体需要的程度即是德育价值得以实现的程度，德育主体即大学生的德性的形成与完善、价值观的培养、思想道德行为及价值取向与社会的德性要求，价值规范、道德行为原则的较高符合度则是高校德育价值的现实表现，高校德育的实际功效包括大学生良好个体德性的养成，良好社会秩序的构建，社会氛围的良善引导，就是高校德育的价值追求，高校德育价值的实践意义也应在此。

（二）高校德育价值的特征

高校德育价值作为价值主体与价值客体之间的一种关系属性，具有一些明显的特征，结合有关学者的研究，高校德育价值主要具有三个特征。①客观性与多样性。所谓客观性，是指高校德育价值是客观存在的，有高校德育活动的存在，就必然产生高校德育价值；所谓多样性，是指由于高校德育价值主体的需要丰富多样而造成的高校德育价值的多样性，既可以表现为高校德育的政治价值、经济价值和文化价值，也可以体现为高校德育的道德价值、审美价值和功利价值。②主体性与为我性。由于大学生是高校德育价值的承载者、实现者和享用者，高校德育实践活动的组织与设计、高校德育作用的发挥等都离不开大学生的主观能动性，离不开大学生的主观认知与体验，也离不开大学生的现实追求。道德情操和价值观念培养本身，既是一种价值创造过程，也是道德价值主体的价值享用过程，因而，高校德育价值必然带有明显的主体性与为我性。③直接性与间接性。高校德育价值的直接性是就德育所具有的个体价值而言的，它对大学生个体的生存、发展与享用具有直接的推动作用。而高校德育价值的间接性更多的则是就德育所具有的社会价值来说的，旨在通过大学生个体品德发展和德性成长的促进，从而间接地对社会政治、经济、文化乃至生态发挥积极作用。

二、高校德育价值的主要形态

（一）理想价值与现实价值

高校德育的理想价值是指社会对理想的需要和追求，在德育能够满足社会对理想的需要和追求功能属性上的对象化反映。理想是指人们依据现实基础，表达自身潜在的或所希冀出现的状态或结果。理想是人类追求的目标，是人类行为的

动力。人类对理想社会的追求，包含对人类德性水平的追求。人类因为追求理想才使自己不断发展和进步。高校德育能够培养德育对象的思想政治品德，也就是说，高校德育能够把社会对思想政治品德的需要和追求变成现实。这是高校德育具有理想价值的首要意义。高校德育不仅以培育社会需要的思想政治品德、培育社会需要代表未来的理想人而有理想价值，高校德育也以其培养人的理想而彰显理想价值。人有了理想才有了追求和希望，才体现为发展，才能产生其他需要，因此，实现大学生的理想价值是高校德育的根本宗旨，也是高校德育能够满足社会需要的应有的功能属性。

高校德育的现实价值是指德育主体立足现实需要或环境，按照一定的工作要求促使德育价值客体短期目标或直接目标的实现，所展现出来的对社会、学校和个体本身所具有的积极意义或有用性。这种价值是指在教育过程中已经实现或正在实现的，容易得到人们重视或接纳的价值。例如，大学新生军训得到了社会和高校的高度重视与普遍认可，即是一种对军训价值的认定。现实价值是理想价值的基础，失去了现实价值，理想价值就成了空中楼阁。理想价值是现实价值的动力，缺乏动力之源，就会导致人急功近利、道德沦丧或畸形发展。

（二）社会价值与个体价值

高校德育的社会价值是指高校德育能满足处于一定社会历史阶段的占统治地位的社会集团需要，培养社会需要的思想政治品德，对社会稳定和社会发展有用，根据社会具体对象，主要表现为经济价值、政治价值、文化价值和生态价值，从社会功能角度，亦可体现为导向价值、凝聚价值、激励价值、净化价值。高校德育的个体价值是指德育能满足个体需要，对个体存在与发展所起的作用，它主要表现为满足个体思想道德需要，个体德性的养成与完善，道德信仰维持力的提高与培养。

高校德育的社会价值与个体价值具有相互联系、相互促进的辩证统一的关系。首先，二者在本质上具有一致性，因为，人的本质是一切社会关系的总和，任何个体都是社会的、历史的、具体的，而不是抽象的、绝对的、孤立的，社会是由个体所组成的社会。其次，个体德性养成和道德外化过程与德育社会价值实现的过程具有难以分割的内在联系，个体德性发展及由之所形成的社会道德力量、社会道德关系是实现德育社会价值的保证；德育个体价值的发挥又以其社会价值实现为前提，缺乏良好的德育社会环境，德育的个体价值实现、个体道德水平的普遍提高就会受阻。再次，个体价值离不开社会价值，大学生在教育活动中实现的个体价值离开社会就没有意义，德育个体价值的实现也必然需要德育社会价值的实现作保障。最后，要实现社会价值与个体价值的统一，必须以全面发展的视野培养全面发展的人。高校德育的社会价值一定要充分包含个体价值，但不能代替个体价值。要高度重视高校德育在促进大学生成长和发展中所起的作用，就要突出德育的个体价值，了解个体价值的实现途径，重视大学生个体的具体性、自主性、创生性，彰显人性的魅力，展现高校德育事业的根本旨趣。

（三）隐性价值与显性价值

高校德育的显性价值是能够为人们直接感知，并且在短时间内呈现出来的价值，是已经实现或正在实现的德育价值。它是德育活动中德育功效得到直接反映的一种价值属性，它具有直接性和与活动过程的相随性，表现为大学生思想觉悟得以提高进而引起行为上的变化。高校德育的隐性价值是指并不能为人们直接感知，并未迅速呈现出价值，但在未来能够逐渐地发生作用的其他方面的价值属性，它具有间接性、渗透性、潜隐性和价值实现的持续性，如大学生理想信念的确立、价值观念的形成就具有隐蔽性和长期性。

高校德育的显性价值与隐性价值的关系是辩证统一的，两者既有本质的区别，又各有不同的具体作用。显性价值是隐性价值的基础和前提，一定的德育活动只有具有一定的显性价值，才能具有隐性价值；而隐性价值是显性价值的延续、发展和完善，一定德育活动的显性价值也总会反映到它的隐性价值上。显性价值中包含隐性价值，隐性价值孕育显性价值。显性价值是隐性价值的综合反映和集中表现。两者共同存在并统一于高校德育价值化的全过程和各环节。

（四）内在价值与外在价值

高校德育的内在价值，是指高校德育在促进大学生的发展方面所具有的价值属性。德育的立足点是培养人、塑造人、发展人，高校德育的根本任务是不断提高大学生认识世界和改造世界的能力、促进大学生的全面发展，进而为社会发展服务。因此，高校德育的内在价值主要体现为：①提高大学生的思想政治素质和道德素质；②满足大学生日益增长的物质文化生活需求，满足个体生存需要、享受需要和发展需要，提高大学生的综合素质，促进大学生的个性发展；③开发大学生的非智力因素，帮助大学生树立崇高的理想、高尚的情感、顽强的意志，使大学生个体充分参与到创造社会文明中，促进大学生的社会化；④充分挖掘大学生的潜能，发挥大学生的积极性、主动性和创造性，使大学生能够适应各种环境，最终实现人与自然的和谐发展。

德育是有目的地培养人的社会活动，最终目的是通过促进受教育者个人的发展和素质的提高来带动整个社会的进步，由此所体现的价值就是德育的外在价值。具体表现为政治价值、经济价值、文化价值和生态价值。高校德育的政治价值，是指引领先进思潮、化解社会矛盾、保持社会稳定等。高校德育的经济价值，主要是指德育对于服务经济建设、促进经济发展的作用。高校德育的

文化价值，一方面，体现为文化制约着教育，为德育的发展提供了广阔的知识背景和丰富的资源，承载着大量的德育内容；另一方面，德育是文化的表现形式，是文化的重要组成部分。高校德育的生态价值主要体现为在生态环境问题成为当前社会迫切需要解决的前提下，帮助大学生及社会各界树立文明生态观、整体利益观和可持续发展观，在注重经济建设的同时，追求人与自然的和谐相处。

三、高校德育价值的研究意义

高校德育价值是高校德育的基础理论之一，支撑着整个德育体系。高校德育价值作为高校德育存在的前提，作为高校德育功能和作用的意义依托，影响和决定着高校德育的全过程。高校德育价值研究是高校德育理论研究的重要组成部分，在新的历史条件下重新研究审视高校德育价值问题，对于深入探索德育价值体系，丰富高校德育理论，实现高校德育的价值追求，具有极为重要的意义。

（一）理论意义

随着中国经济社会发展与社会转型的加速，高校德育价值正面临重构重任。多元价值取向的存在，价值观念的冲突与碰撞，使得高校德育价值的选择和创造、高校德育价值体系的重构面临复杂的挑战。高校德育价值该确定何种取向，对大学生发展做哪些引导，高校德育价值体系如何重构，如何深层挖掘高校德育价值，对传统的高校德育价值进行怎样的反思和转换，对当代高校德育价值如何把握，如何更好地拓宽高校德育价值的实现途径等问题需要继续进行深层的理论探讨，因此，从新的背景和意义上深入研究高校德育价值问题，既有利于推进高校德育价值理论的研究，改变高校德育价值理论研究的现状，极大地丰富和完善高校德育理论体系，又促进高校德育价值理论与高校德育实践的紧密结合，提高德育理论的说服力与指导力。

（二）实践意义

从高校德育实践角度看，实践的顺利进行离不开理论的支撑，一项制度或改革的完善，必定先有发育成熟的理论。中国高校德育改革的顺利进行同样需要理论作为支撑。德育价值问题是德育的基础和前提，德育没有价值就不会存在。也只有厘清当前高校德育价值坐标，高校德育实践才可以更好地进行，甚至可以说高校德育价值的取向转型是高校德育改革的风向标。高校德育价值通过高校德育主客体影响着高校德育过程，有利于教育者对德育进行定位，确立更为合理的目标，提高高校德育的针对性和实效性。从个体角度看，道德观念的主体是人，一切道德和价值行为以及对道德与价值的选择、评价都要通过人来实现，都以是否符合特定的个人目的、需要和利益为标准。

高校德育的最终价值在于满足大学生交往的需要，减少社会冲突，保证大学生的健康全面发展，完善大学生的品格观念，培养大学生的道德判断力以及符合时代的精神品质，降低大学生个体意义世界里的焦灼感和道德缺失感。从社会角度看，通过对转型社会下的高校德育价值研究，推动顺应社会发展的高校德育价值体系建构，形成时代需要的道德稳定秩序，使社会朝着和谐、健康、有序的方向发展。高校德育价值研究的实践意义还在于通过对高校德育价值的进一步探索与重构，为和谐社会的构建尤其是社会主义核心价值体系的构建提供启示，有益于提供德育的实效性，有益于为中国特色社会主义建设输送合格的人才。

四、高校德育价值研究述评

高校德育价值研究是高校德育理论研究中的重要组成部分，近年来已引起学界的普遍关注。许多学者就高校德育价值的内涵、本质、形态、特征、实现途径等内容进行了较为深入的探讨，已形成了高校德育价值理论的初级框架。但该领域研究仍存在较大的探索空间，有些观点值得进一步商榷，有些理论和思维的空白有待填补，其理论体系有待进一步完备，其理论基础有待探究。

（一）关于高校德育价值内涵的研究

进入 21 世纪以后，一些学者开始从价值论角度探索德育价值的含义。例如，冯达成认为，德育价值问题，就是德育对人的发展和社会进步的效用和意义问题。董浩军认为，德育的价值就是对人与社会发展需要的满足，对人和社会在导向、动力、保证等问题上的满足。王立仁则认为：“德育价值是德育价值主体的需要在德育这一客体功能属性上的对象化反映。”周卫东、张典兵则直接从高校角度论及德育价值的意蕴，分析认为，高校德育价值是指作为德育价值客体的高校德育实践活动以及所内蕴的德育功能能满足德育价值主体内在道德需要的一种属性。关于高校德育价值主体，学界有社会本位与个体本位之争，也有主张要兼顾社会与个人两方面的。学者马凤岐以为：“教育实践只能指向一个最终方向，如果教育实践同时指向社会和个人，那么当两者的要求相互冲突时，它将不知所从。”

（二）关于高校德育价值特征的研究

学者们对德育价值特征的认识尚不完全一致。陈华洲认为，德育价值具有五大特征，即在存在方式上的内隐性和外显性，在作用方式上的直接性与间接性，在时序上的长期性与近期性，在评价方式上的精确性与模糊性及在对象范围上的个体性与群体性。项久雨认为，德育价值的基本特征应包括阶级性、实践性、社会性、历史性和客观性。而周卫东、张典兵则从高校德育角度分析认为，高校德

育价值具有客观性与多维性、主体性与为我性、自在性与自为性、直接性与间接性等特征。

（三）关于高校德育价值形态的研究

价值形态是指在一定的条件下，根据不同的判断标准所表现出来的价值形式。根据学者们的研究，一是按条件和依据，从可能性和现实性角度，划分为理想价值和现实价值。二是按性质作用，划分为正面价值和负面价值。三是按效果显现划分为直接价值和间接价值。四是按评价划分为绝对价值和相对价值。五是按价值主体划分为个体价值和社会价值。有学者根据德育价值内容的不同，将德育价值分为秩序价值、协调价值、导向价值、指导价值、发展价值、理想价值等。许多学者从高校德育的不同侧面剖析了高校德育价值的内容与类型，如高校网络德育的价值，高校隐性课程的德育价值，传统儒家文化的高校德育价值，高校生命教育、国防教育的德育价值，高校红色文化、校园文化、社团文化的德育价值，等等。石书臣、高玲玲对高校德育的文化价值进行了较为深入的探讨，认为高校德育的文化价值体现为：文化传承和维系价值；文化选择和主导价值；文化传播和变迁价值；文化渗透和创造价值。也有论者从德育为经济发展提供价值导向、对经济活动中人际关系的调节、对经济健康发展的规范与激励作用的角度讨论德育的经济价值，为研究高校德育的经济价值提供了新的启示。

（四）关于高校德育价值取向的研究

许多学者从不同的侧面与角度探讨了高校德育的价值取向问题。赵敏、郝怀杰认为，高校德育应坚持一元主导多样发展的价值取向，发挥马克思主义的指导功能，增强民族文化凝聚力，提高学生思想道德素质，对西方德育文化进行辩证审视与借鉴。也有一些学者就高校德育的主体取向、目标取向等进行了深入的探索。季海菊在论及高校生态德育的价值向度时认为，高校生态德育的价值取向应注入新的内涵，把“以人为本”作为根本价值取向、人与自然和谐作为主体价值取向、可持续发展作为核心价值取向、人的全面发展作为终极价值取向。

（五）关于高校德育价值实现途径的研究

关于德育的实现途径，有学者认为，最基本的途径包括灌输途径和接受途径，灌输途径主要从价值客体的角度而言，是指采取多种多样的教育方法与方式来启迪和影响价值主体，提升和发展主体；接受途径主要从价值主体的角度而言，是指接受主体出于自身需要，对德育客体所传递的信息进行理解、评价、筛选、择取、整合、认同及践行。灌输和接受共同构成了德育价值实现活动的两个轴心。也有学者从过程和环节角度探索德育价值的实现途径，认为科学认识德育价值是德育价值实现的前提条件；丰富和发展主体需要是德育价值实现的内在条件；顺应时代发展，增强自身功能，是德育价值实现的关键。有学者则立足于一般与个别之分的哲学高度，将德育价值实现的途径归结为根本途径、基本途径、具体途径，从而有机构成了德育价值实现的途径体系。其中实践是德育价值实现的根本途径，灌输和接受是德育价值实现的基本途径，德育价值在实现过程中可以利用和选择的具体路径就是具体途径，它具有多样性与多维性的特点，只有选择最佳的具体途径，才能实现价值的最大化。

值得注意的是，一些学者开始从高校角度探索德育价值的实现路径。例如，姜小平认为，在文化全球化给高校德育价值带来了严重冲击的背景下，高校德育工作必须进行自主优化，保证德育目标的理想方向。应坚持马克思主义主流意识形态一元化，使高校德育价值体现权威性；应挖掘民族文化资源，使高校德育价值更具民族性；应培养全球化视角，使高校德育价值增加开放性；应培育大国风范，使高校德育价值更富时代性。张典兵认为，高校德育价值的顺利实现需要依据的基本条件为：高校德育主体的能动性；高校德育目标的合理性；高校德育内容的现实性，不仅要求德育内容必须源自学生鲜活多样的现实生活，也要求德育内容必须跟上时代发展的脚步；高校德育过程的科学性；高校德育途径的整合性；高校德育环境的优越性。

综上所述，学界对高校德育价值的探索研究已取得了可喜的成绩，但从发展的角度看，高校德育价值论的理论体系有待进一步完备，还有一些非常重要的理论问题尚未涉及，从高校德育价值问题看，探索的空间也极为广泛，包括高校德育价值概念的界定、价值形态及实现规律的概括、价值要素、价值结构、价值目标、价值创造过程、价值评价体系的构建等都需要进一步深化与拓展，高校德育价值的研究任重而道远。

第二节　高校德育价值取向

一、高校德育价值的主体取向

所谓德育价值取向，就是德育主体依据对德育属性、功能的认识，以及自身对于德育的需要，对德育价值的认定和选择。高校德育主体的价值取向是指高校德育主体从事德育活动中根据自己的需要对德育价值进行选择时所表现出来的一种倾向或意向。新时期高校德育价值的主体取向应定位于：以人为本，把发展人作为德育的根本目的，以德性统摄人的灵魂，促进人的整体、内在的持续的发展，实现德育的社会价值和个体发展享用价值的统一。

（一）高校德育价值主体在德育价值关系中的地位

在高校德育价值关系中，德育价值主体是对德育需要的社会价值主体和德育对象价值主体，德育价值客体是能够反映和满足德育价值主体需要的德育实践活动所具有的功能属性。在德育价值关系中，德育价值主体总是处于主导地位，德育有什么样的价值，完全取决于德育价值主体的需要。对德育的价值导向与价值取向和价值指导，也完全取决于德育价值主体的需要，德育价值主体根据自己对思想政治品德的需要对作为价值客体的德育实践活动进行调控，德育价值主体对自身需要的调控决定着对德育价值客体功能属性发挥的调控。

（二）高校德育价值主体需求的内涵与向度

高校德育价值主体的需求是指高校德育价值主体对德育的真实需求，高校德育只有真实把握当代大学生对德育价值的共同追求与差异性需求，才能真正提高高校德育的实效性。就德育价值主体的需求而言，不同的价值主体有不同的需求向度。目前，学界对何为德育价值主体问题的讨论，观点还不尽相同。笔者认为，高校德育价值主体的需求应侧重于德育对象，也即大学生对德育的需求，高校德育价值的实现也必然以真正满足德育对象的需求为前提。从德育社会价值主体和德育对象价值主体对德育的需求向度来看，既有共性特征，也存在明显差异。仅就高校德育对象价值主体的需求向度来说，必然存在理想性与现实性、多样性与复杂性、层次性与差异性、共同性与个别性的特征。对高校德育对象价值需要的指导与调控必须认真把握这些特征。

（三）高校德育价值主体需要与德育价值客体功能的契合度

要体现高校德育的价值，保证大学生德育价值的主体地位，则必须关注德育价值主体需要与德育价值客体功能的契合度。大学生追求的差异性，价值取向的多元性，利益诉求的多样性，本身就是一种丰富性存在，只有承认并基于这种现实，把德育的各种载体作用发挥真正置于满足大学生德育需要中，因校制宜、因人制宜、因情制宜地开展德育工作，使大学生的思想政治与道德品质需要和德育的功能属性完全契合，从而充分显示高校德育所具有的强大的生命力。

二、高校德育价值的目标取向

高校德育价值的实现，是高校德育对象接受了社会要求的思想政治品德，并能够在社会需要时外化为行为。高校德育价值的实现，既是社会对德育的需要，也是德育自身追求的价值目标。因此，高校德育价值的目标取向，既有德育主体把德育价值实现作为自己的价值目标，也有德育客体即高校德育实践活动对德育对象培养的目标定位，这种价值目标取向对整个德育价值实现活动具有定向和调控作用。

（一）高校德育价值的目标取向应体现社会性价值和个体价值的和谐统一

高校德育价值的实现，既有赖于高校德育对大学生素质培养的目标定位，也有赖于大学生在德育实践活动中的自我选择能力，只有社会性的培养目标与个体发展的价值追求实现和谐的一致，才能使大学生的个性发展与社会对德性的需求相得益彰。高校德育的目的性价值在于："德育是个体和社会自我发展和完善的需要，良好的社会道德风尚不仅是社会个体和谐发展及人格完善的综合反映，也是社会精神文明的重要标志。"高校德育的主要任务就是纠正个人价值目标对社会价值目标的偏离，并引导个人正确价值目标的确立和实现，从而保证个人的社会化过程和质量。

（二）高校德育价值取向必须坚持正确的思想政治目标

从思想素质培养的角度看，高校德育必须培养培育大学生掌握马克思主义的立场、观点和方法，用马克思主义及马克思主义中国化的中国特色社会主义理论武装大学生头脑，确立正确的世界观、人生观、价值观，这是大学生形成良好思想政治素质的重要基础（李建军，2011）。从培育大学生政治素质角度说，确立为建设中国特色社会主义而奋斗的政治方向，坚决拥护党的路线、方针和政策，正确认识国家的前途命运和自己的社会责任，将自身的理想追求融入国家和民族的伟大事业中，成为社会主义的可靠接班人，这既是当代大学生应具备的政治素质，也是高校德育应当追求的价值目标之一。高校德育只有坚持正确的思想政治目标，才能引导和促进更多大学生迅速成长，真正成为中国特色社会主义的合格建设者和可靠接班人。

（三）高校德育价值取向必须注重道德素质目标

在社会主义市场经济条件下，高校德育价值的目标取向必须坚持新的道德素质目标定位，培育大学生树立社会主义的道德意识、道德信念，用社会主义的道德信念与道德准则审视和处理道德关系、生活行为、工作行为与经济行为。培育大学生形成公民所应具备的"爱国守法、明礼诚信、团结友善、勤俭自强、敬业奉献"的基本道德素质和正当求利、合理利己、公平竞争的道德品质素养，形成符合社会主义本质的价值观、竞争观和经济伦理观。

（四）高校德育价值取向必须重视心理素质目标

社会发展进步，要求当代大学生应具备良好的心理素质。与以往大学生相比，当代大学生具有不可比拟的发展条件，但社会生活节奏的加快，人生不确定因素的增加，人际关系的冷漠，日趋激烈的竞争，使得当代大学生心理健康问题凸显。在物质财富被极大满足的同时，一些大学生反而深陷精神空虚、缺乏情感的泥潭，孤独感、寂寞感增强，人情淡漠，人格精神弱化，抗挫折能力低下成为当代大学生的现实写照。高校必须加强对大学生的人文精神教育和心理健康教育，高校德育价值的目标取向不能忽视当代大学生的心理素质目标。

三、高校德育价值的评价取向

高校德育价值评价，是指按照一定的原则和标准，通过系统采集和详细分析德育信息，对德育活动所达到的成效及满足大学生需要的程度作出判断，以期实现德育工作价值增值的过程，也是不断激发德育价值创造活力，推进德育评价机制不断完善的过程。学界对德育的价值取向问题较为关注，但从评价角度研究德育价值取向尤其是高校德育价值取向，尚不多见。笔者以为，深入探索高校德育价值的评价取向，不仅有助于对德育价值的正确认识，有利于对德育工作实效性的正确评估，也有益于高校德育的价值创造与价值拓展。

（一）高校德育价值的评价要坚持一元与多元的统一

①在社会转型进程中，在价值观念变革和多元价值观念并存、撞击、冲突的社会文化背景下，我国当代大学生的价值观念与价值取向呈现出新的变化，高校德育价值的评价既要注重社会发展价值，也要注重满足大学生个体个性发展、人格完善、心理健康等方面的需要。②德育的精神性、体悟性、思辨性等特点使得德育价值的评价难以用单一的科学实证、精确量化等科学方法来验证，例如有的大学生德育课的书面成绩优秀，但道德行为却并非同样出色，这种现象说明采用单一的定性或定量的评价方式很难真实反映德育的成效。③在校大学生在道德发展的水平上具有一定的不平衡性和差异性，德育评价模式存在差异性和多样性不仅是合理的，也是必需的。

（二）高校德育价值的评价要坚持个人与社会需要相统一

改革开放以来，高校德育的环境发生了新的变化，高校德育实践中不可避免地触及传统的以社会价值为中心的价值取向与大学生张扬个性、追求个人价值实现的矛盾冲突。高校德育价值的评价不能停留在传统的德育价值取向认知模式上，必须结合时代的变化与大学生的思想行为实际，坚持社会需要与个人发展需要和谐统一。高校德育价值的评价应当突出政治性、思想性，为人民服务，但不能忽视大学生的需要，更不能忽视大学生的主体价值。“忽视个人发展的正当需要，压抑个性发展，缺少人文关怀等弊端，已经遭到学界的广泛诟病并被弃之。”高校德育的目的就是发展人、完善人、塑造人的精神生命，培养人的主体意识和本位价值应得到充分的发扬和展现。

（三）高校德育价值的评价要坚持现实性与发展性的统一

德育价值的评价既要立足于高校德育价值取向的发展现状，也要结合社会和大学生发展的现实要求。就现状而言，在众多价值规范并行不悖、良莠不齐的情况下，高校德育必须坚持树立能顺应时代潮流、反映历史进步并为大多数人所认可的主流价值观，以作为大学生行动的向导；必须把握德育价值评价不同方式之间的差异性；必须深刻考量与剖析德育价值评价中的形式化、格式化、实证化等弊端。就发展性而言，高校德育价值的评价取向必须关注德育对象的发展潜力和潜在价值，以促进大学生的道德发展、德性完善及促进高校德育的改进与完善为旨归。

第三节　高校德育价值创造的现状分析

一、高校德育价值体系的建构

高校德育的价值追求不能单单看作是高校自身的理想情怀和精神向往，它代表着国民教育的德育层次，体现的是国家对德育的思想引领和必须坚持的德育价值信念。从这个意义上说，高校德育价值的体系建构，既是国家的意志，也是高校自身对德育价值的能动创生。建立具有中国特色的高校德育价值体系，包括核心德育价值体系、思想道德品质价值体系、优良美德价值体系以及素质素养价值体系，既是高校德育价值意义的不断更新，也是高校德育功效的时代体现。

（一）高校核心德育价值体系

建构核心德育价值体系是当代德育的价值追求。社会主义政治文明建设，需要高校构建核心德育价值体系。在社会主义“政治文明建设的进程中，引导新一代社会成员正确地认识社会变化、顺利地适应社会制度的变迁，并成功地参与到支持社会改革的实践活动中，也是中国当代高等教育予以格外重视的社会功能”。建构核心德育价值体系也是维护马克思主义的指导地位、促进人的全面发展、引领社会进步的需要。党的二十大报告中指出：“社会主义核心价值观是凝聚人心、汇聚民力的强大力量。弘扬以伟大建党精神为源头的中国共产党人精神谱系，用

好红色资源，深入开展社会主义核心价值观宣传教育，深化爱国主义、集体主义、社会主义教育，着力培养担当民族复兴大任的时代新人。推动理想信念教育常态化制度化，持续抓好党史、新中国史、改革开放史、社会主义发展史宣传教育，引导人民知史爱党、知史爱国，不断坚定中国特色社会主义共同理想。用社会主义核心价值观铸魂育人，完善思想政治工作体系，推进大中小学思想政治教育一体化建设。坚持依法治国和以德治国相结合，把社会主义核心价值观融入法治建设、融入社会发展、融入日常生活。”从高校德育角度说，社会主义核心价值体系，即高校的核心德育价值观体系，高校德育必然要以社会主义核心价值观作为自己的核心价值观，必然也必须把社会主义核心价值体系的基本内容作为自己的核心价值体系内容。

社会主义核心价值体系根植于当代中国特色社会主义的伟大实践，反映了人类社会发展进步的要求，是社会主义意识形态的本质体现，是当代中国的核心价值体系，是当代中国共同的价值规范和行为准则，是马克思主义中国化的价值追求，反映了中国特色社会主义理论的思想精髓、社会主义运动的价值导引和社会主义制度的本质规定。任何行业的具体价值规范都必须以社会主义核心价值体系的本质内涵为前提，高校德育亦不例外。高校核心价值体系以社会主义核心价值体系的本质内涵为重点与核心，突出显示了德育的社会功能，对高校德育活动起着重要的导向、规范、指导作用，引领高校德育的方向。

（二）高校道德价值体系

从推进社会发展的功效看，建立和完善符合社会和自然发展的道德价值体系，并以此引导和推动社会的进步和发展，这本身就是一种价值创造活动，它体现了推进社会进步的意义。我国经济社会及思想文化的发展，使得原有的道德观念、道德原则、道德标准等发生了一系列新的变化，社会主义市场经济的发展要求建立与之相匹配的道德价值体系。从高校德育理论研究角度说，在注重研究构建其价值体系的同时，也必须重视道德教育价值体系的构建研究。从道德价值体系的建设情况看，无论是理论方面抑或是实践方面，都取得了显著的成效。许多学者就道德价值体系及其构建问题做出了积极的探讨，并对实现道德价值的意义做出了学术上的回应。

结合学界的研究进展，笔者认为，随着中国经济社会的快速发展，科学性的高校道德价值体系已基本形成。高校道德价值体系的结构特征应是：以社会主义核心价值观为依托，以为人民服务为核心，以基本道德规范为基础，以集体主义为原则，以诚实守信为重点，以“四德”（社会公德、职业道德、家庭美德和个人品德）教育为主要内容，以道德实践活动为载体，以培养良好的道德品质和文明行为为目标，为大学生的健康成长和品格完善创造条件。以社会主义核心价值观为依托，就是要正确理解核心价值观与道德的关系。“社会主义核心价值体系是社会主义道德的价值源泉和精神依托，社会主义道德是社会主义核心价值体系的具体体现和内容要求。”从社会文化角度说，“社会主义核心价值体系是社会主义先进文化价值取向的体现，是社会多元价值体系中具有主体性和主导性的观念体系；社会主义道德是社会主义先进文化伦理精神的反映，是社会多样化道德规范中具有主体性和主流性的规范体系”。社会主义核心价值体系以正确的世界观和方法论引领社会思潮，引导全体社会成员的思想进步和道德提升，丰富人民的精神世界。

社会主义道德是对社会主义核心价值体系的道德支持，社会主义核心价值体系是对社会主义道德的价值提升。为人民服务作为公民道德建设的核心，是社会主义道德区别和优越于其他社会形态道德的显著标志。诚信是公民道德的基本要求，是公民道德主体性的标识，是人际交往的精神纽带和行为规范。就个体发展而言，它是做人的道德起点，是人基本的道德品质，是个人自我修养的内在要求，也是自我价值实现的重要条件。社会公德、职业道德和家庭美德是公民及从业人员应该遵循的行为准则。社会主义核心价值观是当代中国精神的集中体现，是凝聚中国力量的思想道德基础。

二、高校德育价值功能的实践体现

德育价值在实践中的重要意义可以认为是德育工作的效果，“德育的价值就是德育工作的好与坏，是德育工作对于被教育者与社会的作用，是德育主体接受道德教育的效果问题”。人类的活动，无论是认识还是实践，都是追求价值、实现价值与创造价值的过程，高校德育价值功能的实现过程就是一种扬“善”的过程，是建立良好社会道德秩序的过程，是一种构建精神文明、提升道德境界的过程。

（一）高校德育价值的实践功效

高校德育的价值，在实践中体现为一种扬善的力量，体现为一种推进社会进步的力量。德育的功效“不仅仅在对个体品德、个体行为的向善引导上，还表现在社会秩序的良好导向和社会氛围的良善引导上”。毫无疑问，社会秩序的良好既是德育的内在要求和价值目标，也是德育产生良好效果的表现。在高校德育实践中，教学活动的井然有序，师生关系的和谐愉悦，校园文化的丰富多彩，都是一种德育功效的体现。学生组织并参与的救灾捐款、社会服务、环保活动等无不体现德育的感召力。而德育的有效管理，学生的参与管理与配合管理，实质都是德育的控制力、约束力与引导力所产生的效应。高校德育所取得的良好实效是显而易见的。迄今为止，在高校学生群体中发生群体性打架斗殴、违法违纪的刑事

案件毕竟并不多见，因触犯法律及校纪校规而被开除学籍的学生占在校生的比例很低。我们经常看到某些论者提及所谓“道德滑坡”“德育实效性差”等研究论点，很值得商榷。笔者认为，德育活动本身是一个比较复杂的认识过程、实践过程，复杂的社会环境是影响德育实效性的重要因素，但如何看待影响德育价值功效的因素与如何评价德育价值的现实功效是两个值得研究的不同问题，不能混为一谈。而且用什么样的标准或依据什么标尺来检验德育工作的成效，也是一个亟待研究的课题。当然，不能因为在某种特定的时空环境下所发生的某些局部的或个别的思想政治或道德现象而否定德育工作的整体成效。

（二）反映高校德育价值的实际例证

自 1992 年始，教育部社会科学研究与思想政治工作司就开始在全国范围内对大学生思想政治素质的发展状况进行问卷调查。2017 年大学生思想政治状况滚动调查也表明，高校学生民族自豪感、时代责任感、历史使命感持续增强，这与高校德育价值密切相关。

（三）高校德育制度的改革与建设

与中国政治文明建设的进程相伴随，中国高校德育制度的改革与建设也步入了新的历史时期。1993 年，中共中央、国务院颁布的《中国教育改革和发展纲要》对德育做出了相应的规定。1998 年教育部、中宣部联合颁布文件，将高校德育内容确定为马克思主义理论教育和思想品德教育（简称“两课”），并对“两课”的基本内容和教学时数做出了明确的规定。当年教育部办公厅印发了《关于加强普通高等学校两课教材建设及管理问题的通知》，开始建立“两课”的教材审批和编写制度。2000 年教育部党组发布了《关于进一步加强高等学校学生思想政治工作队伍建设的若干意见》，对专职思政人员的配备提出了明确的要求。2004 年中共中央、国务院颁发了《关于进一步加强和改进大学生思想政治教育的意见》，对高校德育工作做出了新的战略部署。2005 年 3 月，经党中央同意，中宣部、教育部印发了《<关于进一步加强和改进高等学校思想政治理论课的意见>实施方案》（以下简称“05 方案”），对高等学校思想政治理论课（简称“思政课”）的课程设置包括课程内容、课程名称、课程教材使用、课时安排以及课程实施步骤做出了明确规定。按照思政课“05 方案”，本科课程设置的 4 门必修课为马克思主义基本原理，毛泽东思想、邓小平理论和“三个代表”重要思想概论，中国近现代史纲要，思想道德修养与法律基础，这是自改革开放以来，我国高校第三次对思政课进行的重大调整，其课程设置一直沿用至今。同年 4 月，教育部印发了《关于整体规划大、中、小学德育体系的意见》，其中，对高校德育所要达成的制度性目标，做出了旗帜鲜明的规范。2015 年，为进一步加强高校思想政治理论课的宏观指导，规范组织管理、教学管理、队伍管理和学科建设，教育部印发了《高等学校思想政治理论课建设标准》，对2011年印发的《高等学校思想政治理论课建设标准（暂行）》进行了修订。2019年1月，全国教育大会上，陈宝生部长强调“从薄弱处着手落实立德树人根本任务。德育要朝着体系化努力，教育教学改革要深下去，体育美育要有刚性要求，劳动教育要有效开展起来，家庭教育要高度重视起来，以新的方式推进立德树人工作”。2021年11月，教育部印发了《高等学校思想政治理论课建设标准（2021年本）》。

三、高校德育价值创造面临的挑战

经济全球化、信息网络化、文化多元化给高校德育价值的创造带来了新的挑战，同时也给高校德育价值创造带来了新的机遇。

（一）信息网络化的挑战

网络或数字技术给人类生活和观念带来的深刻影响是显而易见的。网络为人们提供了新的信息与技术，使人们与更广阔的世界发生联系，激发和唤醒了人们的许多潜能和抱负，推进了人们的生活方式、交往方式和思维方式的变革。在信息网络化背景下，传统的德育活动方式、德育信息传递方式发生了新的变化，教育者与被教育者的交流方式也发生了新的变化。“数字化生存”使得当代大学生能够便捷地获取大量所需的信息，利用网络平台自由、平等、互动地表达和交流自己的思想，“在虚拟空间里畅所欲言，加强与亲友和社会的联系，减少孤独感和寂寞感，找到归属感、认同感和被需要感，实现感情沟通和社会交往”。信息网络化在给当代高校德育价值带来新机遇的同时，也带来了新的挑战。网络的开放性、隐匿性、虚拟性，容易使得一些人突破道德自律与他律的限制，行为失范，发表不当言论、制造垃圾信息，冲破法律的底线。而网络上的色情信息、虚假信息、暴力信息、腐朽的思想观念严重冲击和侵蚀着大学生的思想道德观念。个别大学生对网络的过度依赖，以致出现迷恋虚拟世界、对真实生活世界失去兴趣、价值取向扭曲的现象。在网络时代，如何重构德育的价值，丰富大学生的精神世界，使大学生的个体需要与社会需求和谐统一，自我价值的实现与社会价值的实现紧密契合，成为信息网络化背景下德育价值面临的新挑战和新课题。

（二）文化多元化的挑战

当代中国社会是一个多元文化社会，文化多元化的发展趋势给社会伦理秩序和人们的思想道德发展带来了新的影响。多元文化并存，不同文化之间的互动是人类文明发展的重要动因。“文化是人类后天习得的，是为一定社会群体所共有的，文化包括思想观念、价值规范、语言符号、知识经验等在内。”在当代中国，既有中华优秀传统文化，社会主义先进文化，也有改革开放后涌入的西方文化。中国特色社会主义先进文化建设的主旨在于："必须坚持社会主义先进文化前进方向，坚持中国特色社会主义文化发展道路，培育和践行社会主义核心价值观，巩固马克思主义在意识形态领域的指导地位。”既尊重差异、包容多样，又有力抵制各种错误和腐朽思想的影响。文化的多元性必然反映价值取向的多元性。东西方文化的碰撞，传统文化与现代文化的交融必然深刻影响高校德育价值的创造，对当代大学生的思想信念、道德价值取向形成了前所未有的冲击和挑战。受个人本位主义、利己主义、享乐主义等思潮的影响，少部分大学生的国家意识、集体意识和互助精神、奉献精神有所减弱，一些学生的理想信念发生偏离。应对多元文化的挑战，德育势必要在认可学生思想追求的不平衡性、发展层次差异的现实性的基础上，加强人文关怀、人生意义导引，抵制非马克思主义思潮及腐朽观念的影响，帮助学生提升思想道德境界，进而提高德育价值的社会功效。

（三）经济全球化的挑战

经济全球化是全球经济发展的共同目标，是人类走向文明的必然要求。经济全球化不仅要求经济的繁荣，还呼唤着世界文明的繁荣，要求人们的思想道德与世界文明接轨。随着经济全球化的发展，大学生的道德观、价值观发生了巨大变化。在市场经济背景下所形成的独立自主的个体意识、张扬个性的意识、顽强拼搏的竞争精神、效益效率观念等为大学生步入社会、成为对社会有用人才提供了保证。开放、竞争的市场经济环境也促进了大学生的自我认识、对自身潜力认识的进步。但不可否认的是，市场经济，尤其是全球性经济的发展既有利于大学生蓬勃进取、锻炼成才，也造成了大学生的道德观、价值观向多元化、复杂化方向发展。利益分化所造成的价值取向多元，东西方文化交融碰撞所造成的价值观念多样，市场经济的趋利性所派生的功利主义、实用主义等都对高校学生的思想道德观念产生了深刻影响。先公后私、先人后己、无私奉献的传统高尚精神受到了挑战和冲击，个人利益与集体、与社会、与国家的利益关系发生了新的冲突，个人主义、利己主义、功利主义及拜金主义思潮影响着部分学生的价值取向。面对经济全球化的挑战，高校德育应在满足学生思想道德发展需求上，为维护德育的终极关怀、终极意义做出努力，应该在追求人类共同的美德和价值上，在保持高校主流价值取向与推进大学生健康发展、和谐发展、主动发展上做出新的回应。

四、高校德育价值创造的影响因素

（一）高校德育价值创造的环境因素

高校德育价值的创造与实现离不开环境的因素。影响学生思想道德品质的环境因素是多方面的，有宏观的社会经济政治环境，有社会意识和文化环境，有中观或微观的教育环境、生活环境，包括社区与家庭。普罗塔克拉认为，美德之教是生活环境潜移默化的影响，即人的美德是在生活环境中受到成人的影响而形成的。就德育活动方式、价值观念、价值创造方式及影响因素而言，德育与智育、体育、美育等其他一些教育分支有本质的区别。仅以道德观念的转化而言，一部作品、一部电视剧都有可能对一个人的道德价值观产生决定性影响。德育价值的实现与社会环境息息相关。这不仅仅因为社会政治经济和意识形态直接影响和制约着德育活动的展开，也因为德育本身就是一种使人社会化的过程。德育的目标与内容是适应社会经济政治的需要而制定，德育的意义也在于通过德育活动的实施，使受教育者树立符合社会价值指向的思想道德意识进而形成良好的道德品质行为。德育的功能也体现了个体精神世界的完善与社会发展要求的一致性。好的环境有利于德育功效的发挥和德育效果的达成。

（二）高校德育价值创造的主体因素

德育价值主体是指系统内教育者、受教育者以及社会环境中的个人、各类群体（包括民族、国家等）。德育价值的实现取决于德育价值主体的德性需要及德育价值客体的功能发挥与满足主体需要的程度。人们开展各种德育活动，总是为了满足社会和个人的德性需要。德育，作为一种创造价值的实践活动，当然是一种目的性活动。对于德育活动来说，目的是一种主动的、积极的力量，是一种动因或原因。作为一种原因，它促使德育价值主体开展各种活动以满足其德性需要，作为一种动力，它反映了主体的需要，是主体的一种价值追求。笔者认为，德育价值功能的发挥在于满足个人和社会德性的需要。“所以，德育活动应该是价值主体（社会、个人）在其德性需要的驱动下，用自己的实践能力和机制去改变现存的德育功能关系，使之适应和满足其德性发展需要，形成一种新的价值关系的过程。”因此，德育价值主体的需要及其背后的动因是影响德育价值实现的关键因素。个体德性发展的需要，包括教育者与被教育者对自我价值实现的追求，对理想与道德境界的向往，社会的德性需要，包括培育德性优良的人才，建立良好的社会风尚，是实现德育价值的动力源。高校德育价值的实现需要充分调动与发挥德育价值主体的积极性与创造性，通过高校德育价值主体的能动作用、相互作用，创造高校德育的价值，实现德性的提高与完善。

（三）高校德育价值创造的客体因素

一般来说，德育价值客体是指德育活动及其功能。德育活动及其功能对个人德性需要的满足即为德育的个人价值，培育优良德性的人才以满足社会的需要就是德育的社会价值。就高校德育活动而言，格外关注的应是“如何提高受教育者的道德境界，完善受教育者的德性结构，满足受教育者的德性需要”。德育功能是德育价值得以实现的手段，只有开展各种德育活动，才能使德育功能充分发挥出来，而德育功能的发挥、德育效果的实现则有赖于德育价值的规范和引导。“任何一种德育活动的开展，其根本出发点和落脚点都在于社会和个体道德需要的满足。在德育实践活动中，德育各种功能的完成和发挥都指向不同德育价值的实现和彰显。”因此，德育价值客体的意义在于满足德育价值主体的丰富多样的需要，包括求真、求善、求美、求利的需要，参与政治、经济、文化生活的需要，通过满足需要，实现德育的价值功能。德育客体地位的发挥，首先需要关注德育过程。高校德育，作为一种“育德”的社会实践活动，其价值实现有赖于“育德”过程的科学性和有效性。只有遵循德育过程的基本规律，依据基本规律来设计、运行和调控德育过程，才能收到应有的实效。其次，需要关注德育途径。德育途径是指为完成德育任务和实现德育价值而开展的一系列德育活动和工作，是德育实践活动的具体组织形式或渠道，必须在整合和优化德育途径上做出积极的探索和实践，通过整合和优化德育途径进而推进德育价值的实现。

第四节　高校德育价值的实现路径

一、更新高校德育价值理念

新时期我国经济社会的发展，人们思想活动的独立性、选择性、多变性和差异性的日益增强，既为高校德育工作者解放思想、创新思维、更新价值观念等创造了新的时代条件，为德育对象的道德思想政治素质提升提供了丰富的思想文化资源，也给高校德育带来了前所未有的冲击和挑战，新时期高校德育价值理念必须与我国经济社会的发展相适应，必须与社会主义先进文化建设的要求相适应。

（一）坚持马克思主义价值观的主导地位

在科学技术和市场经济高度发展的推动下，人们的价值观发生着急剧的变化，物质利益的驱使和诱惑使许多人的价值观念功利化、庸俗化，精神性的困惑和价值观的迷离对思想政治教育提出了新的挑战。当代社会多元文化的存在，多样化价值取向并存，既是一种社会进步的表征，显示社会发展的活力，也是对社会主流价值观念的挑战。高校德育具有维护主流意识形态主导性地位和提升人们思想道德素养的目标和任务。而实现人的自由全面发展应该是高校德育的最高价值目标和理想。马克思主义的出发点是实践活动的人，归宿是人类的解放。马克思主义所追求的社会主义核心价值，也是人的彻底解放与自由全面发展。因此，高校德育需要深入挖掘马克思主义价值观对高校德育的内在价值，需要用马克思主义的一元价值导向引导大学生的多元价值取向，用社会主义先进文化武装头脑，提高自觉抵御错误思潮和腐朽生活方式的能力。高校德育只有以马克思主义价值观为指导，才能使德育价值得到更好的体现，才有利于消除非马克思主义思潮对德育价值理念的冲击，有利于提高德育工作的科学化水平。

（二）坚持社会主义核心价值观的引领

德育价值观是德育的核心问题，建构核心德育价值观体系是当代德育的价值追求。多元文化的存在与发展，多元性价值取向和多元性价值观的交织与碰撞，既挑战着传统的德育价值理念，也冲击着社会主义核心价值体系。高校是社会主义先进文化的倡导者、宣传者、推动者和实践者，理所当然应该自觉坚持社会主义核心价值体系的引领，坚持社会主义先进文化前进方向，追求真善美，抵制假丑恶。高校德育必须以社会主义核心价值观为德育核心价值理念，以马克思主义中国化的最新理论成果指导德育实践，用优秀文化培育大学生，帮助大学生形成良好的思想道德品质和行为习惯。

（三）坚持以人为本的德育价值理念

就高校德育而言，以人为本的理念就是以大学生为本的理念。高校德育的宗旨与任务是立德树人。满足大学生的成长发展的需要是实现立德树人的目标所在。维护成长发展需求，就要尊重大学生的权利和尊严，尊重学生的主体地位，承认学生的发展差异，尊重学生自我发展的积极性、主动性和选择性，满腔热忱地支持学生的追求与进步。在引导、帮助学生自主发展、能动发展中实现德育价值的创造。

（四）坚持生活化的德育价值理念

高校德育应该与整个社会生活密切联系，树立生活化价值理念。德育过程是一个知、情、意、行统一发展的过程，德性的养成，离不开道德知识的学习，道德情感的激发，也离不开学生的现实生活。德性的养成是道德实践磨炼、体验与感悟的结晶。笔者认为，在某种情势下，德育的针对性、实效性不强，与德育价值观念过于理想化、培养模式过于形式化、教条化，严重脱离学生的现实生活有关。就道德而言，道德存在于生活，道德是一种生活状态和生活方式。虽然“道德不属于任何一个特定的生活领域，相反，道德可以穿过这些并不坚固的边界，弥散于生活的方方面面，日常生活是道德发挥作用的根据地”。当代大学生的思想行为及生活状态都已经发生了深刻的变化，他们的学习、娱乐、交流、生活等都呈现一些新时代的特点，网络的影响，前所未有的生活环境的变化，对传统的德育价值的理念提出了新的挑战。仅仅靠传统道德教育的强制性规范约束已经无法调动现实生活中人的积极性、创造性，以及独立人格的形成。社会的转型及德育价值的创造呼唤社会实践中学生的主体性及道德人格的觉醒，德育需要从规训式模式走向指导式模式，从理想世界走向现实生活世界，实现公共生活领域的道德与个人生活领域的道德的统一，个人生活的和谐和自我完善与社会公共秩序建立的和谐一致，从而真正提高德育的针对性、实效性、吸引力和感染力。

二、科学设定高校德育内容

高校德育内容是德育目标和德育标准的具体体现，是德育实践的前提和基础。德育主体对德育内容的诠释、传输和德育对象对德育内容的接受，既是德育的基本过程，也是德育价值实现的基本过程。只有科学设定高校德育内容，才能更好地实现高校德育的价值。

（一）高校德育的内容应根据社会需要来确定

在德育实施过程中，德育主体根据社会需要对德育内容进行确认、设定，进而进行诠释与传输。“社会要求的内容必须与人的思想水平相适应，必须与社会发展水平相适应。”社会要求的内容不能高于德育对象的接受能力，不能脱离社会发展的实际。过于理想化的内容，超越德育对象可能接受的实际能力，就难以实现德育的应有价值。

（二）高校德育的内容应根据生活需要来确定

人们所面对的生活是一定社会历史条件下的现实生活，它决定了高校德育内容的时代性和现实性。德育是使人获得生活意义的重要手段，一方面，生活需要德育，因为生活需要理性，理性的生活才是有意义的生活。生活需要德育的理性引导，否则就会导致文明与秩序的缺失，导致生活内容与方式的异化及人性的遮蔽。另一方面，生活本身具有德育功能，它规范着人的观念和行为，培养着人的德性，体现着人的存在价值与意义。只有内容反映了现实生活需要和符合时代发展趋势的高校德育，才具有针对性、实效性、吸引力和感染力，才会被德育对象自觉接受和一致认同。

（三）高校德育的内容应根据对象的实际确定

高校德育内容的设定，既要针对德育对象的思想政治道德状况，也要针对德育对象的发展需求。只有适应现实需要的内容，才能适应现实的需要。德育价值的实现，不能离开德育对象对社会要求的接受，也不能离开自我发展的需求。德育对象对德育内容的接受，并且外化为行为，既取决于社会发展的需求，也取决于德育对象自我发展、自我追求的需要。“德育的重要任务，就是塑造个体健全的理想人格，使大学生个体形成崇高丰富的精神世界，形成符合社会所需要的品格、思想境界、道德情操等。”笔者认为，社会个体对思想政治品德的需要，是德育价值得以实现的内部动力。德育对象的实际，涉及不同的发展层次、不同的发展水平以及不同的发展需求。德育实践的过程，也就是德育走进对象内心世界，实现德育价值的过程，德育起到了满足社会个体德性需要、丰富社会个体精神世界的作用，也必然实现了维护社会秩序、培养社会所需人才的目标。

三、创新高校德育方式方法

高校德育价值的顺利实现不仅有赖于德育主体的能动性、德育目标的合理性、德育内容的科学性，也有赖于德育方式方法的改革与创新。

（一）德育方法的适切性

在德育活动中，为了完成德育任务，教育者所采取的各种方式和手段都是德育方法的体现。德育方法直接服务于德育任务和德育目的，是实现德育价值与功效的重要保证。离开了适切性的德育方法，德育价值就难以实现。在长期的德育实践中，高校已创建了系统的德育方法，主要包括理论灌输法、实践锻炼法、自我教育法、榜样示范法、比较鉴别法、咨询辅导法等。要不断增强德育效果，必须摒弃那些不利于提高德育实效、不利于实现德育意义的德育方法。①改变以空洞的说教和“填鸭式”灌输为主的德育方法，重视互动式、讨论式、体验式德育方法；②摒弃强制式、模式化的德育方法，坚持启发性、引导性、民主性的德育方法；③改变单一化、程序化的德育方法，实施多种德育方法的优化组合，使之产生整体效应和最佳效果。只有选择适应德育对象的心理诉求和发展需要、充分调动德育对象内在热情与动力的德育方法，才能最大化地提升德育的价值。

（二）德育途径的创新性

德育既是一种实践活动，又是一种价值生活，还是一种丰富多彩的价值创造活动。“不可能单靠理论武装取得预期的教育效果，更不能设想依靠学校的教科书厘清所有的道德伦理问题。”就高校德育而言，其途径除思想政治理论课这一

主渠道和各科教学这一基本途径之外，还包括党政部门、学生社团所组织的各项专题活动及实践活动。从广阔的角度说，学校管理、校园文化等实际都是德育教育的途径。每种德育途径都蕴含着独特的德育价值和德育功能。要实现德育的价值，必须关注德育途径的选择与创新。网络德育、隐性德育、生态德育等都是当下高校德育需要关注的重要德育渠道。在渠道的创新上，既要重视思想政治道德教育的理论灌输与引导，更要重视实践环节的渠道创新；既要重视道德教化与法纪的约束，也要重视环境的陶冶与榜样的影响；既要重视显性的德育渠道，也要重视隐性的德育途径。只有不断地实施德育途径的创新，才能拓宽德育价值实现的路径。

（三）德育手段的先进性

随着科技的发展，人们获得信息的途径发生了很大变化，网络成为实现德育价值的新阵地。网络环境蕴含着巨大的德育价值。信息技术和网络媒介给高校德育带来了全新的教育手段和教育理念。在网络技术与新媒体的影响下，高校德育步入了新情境。新技术手段的实际运用为德育教育教学提供了更为便捷的条件，丰富了德育的内容与形式。音频视频资料选择、教学课件的制作、德育情境的课堂再现、德育教育网页的开辟等，都显示了德育手段的先进性。网络及新媒体教育手段的丰富性，在一定程度上打破了高校德育的单一刻板，以生动多元的表现形式增强了高校德育的感染力和说服力，从而提升了德育的实效性。高校德育要充分利用新的技术手段，发掘新技术资源，创新德育的方式方法，创造德育价值的新意义。

四、提升高校德育队伍素质

高校德育工作队伍是实现德育价值的组织保证，提升高校德育队伍整体素质是创造德育价值的必然要求。新时期德育工作环境的变化，客观上加大了德育工作的难度。高校德育的新形势新任务，要求高校德育队伍的整体素质与之相适应。但当下高校德育队伍整体素质与新形势下实现德育价值功能的需要之间还存在相当大的差距，影响了德育价值功能的发挥。

（一）创造德育价值需要高校德育工作者具备较高的政治思想与业务素质

德育工作者的思想政治素质既是德育工作者的德性，也是情感态度价值观，更是思想政治立场与追求。从政治思想角度来说，必须坚持正确的政治方向，具有优良的思想道德修养和良好的社会责任感，在事关政治原则、政治立场和政治方向问题上与党中央保持一致。从情感角度来说，必须具有热爱国家、热爱民族、热爱社会主义的政治情感，具有热爱学生、热爱事业的爱生爱岗情感，具有好奇心、求知欲、成就的动机和探索的积极性。从态度角度来说，具有以平等的态度对待学生，以开放的态度对待外界事物，以虚心的态度对待不同的意见和批评，以真实的态度看待自己的能力与不足。从价值观角度来说，具有敬业精神、献身精神、进取精神，具有坚定的马克思主义信仰或良好的理想信念。高校德育工作者的价值取向和人格魅力影响着德育对象的价值取向和人格塑造。高校德育工作者的业务素质，即具备科学文化素养与职业能力。德育工作者应具有较高的科学文化素质，不仅要掌握马克思主义及马克思主义中国化的基本理论，还要掌握现代科学技术和文化知识；不仅要通晓德育理论知识，还要熟谙教育学、心理学、社会学、美学、伦理学、哲学、领导科学等有关知识。德育工作者应具有较强的职业能力，具有批判性思维能力和评价能力，能在德育实践中善于分析判断，抓住问题的关键；具有一定的创造性和创新能力，善于思考，善于行动；具有对德育情境的适应能力和创设能力，能积极适应环境，改造环境，创设育人氛围，使环境在育人实践中发挥作用。

（二）强化措施，提高高校德育队伍的整体素质

首先，必须把德育队伍建设放在高校德育工作“重中之重”的战略位置。高校必须把德育队伍建设纳入重要的议事日程，定期研究部署检查落实德育队伍建设。其次，建立健全德育队伍建设的制度及支持机制。要建立起有利于德育工作者成长的、开放的、具有自我提高的继续教育机制，为德育工作者提供更多的学习深造和实践的机会，鼓励和激励德育工作者提高政治业务素质，不断研究解决高校德育工作中的新情况、新问题，逐步提高德育工作水平；要建立有利于德育工作者成长和德育队伍稳定的政策和制度，通过关心他们的工作与生活，肯定他们的进步与追求，提高他们的地位和待遇，保证德育队伍的整体稳定。要通过专题培训、课题研究、经验交流、考核评价等方式促进德育工作者的实践成长。要在政策、环境、组织、制度、时间、经费等方面加以保障，形成一套良好的保障运行机制，保障德育队伍建设的质量与实效。要进一步健全和完善德育教师提高素质的激励机制，鼓励德育教师教书育人，勤于探索，勇于实践，促进他们通过理论提升和实践探索，对自己的德育经验和德育实践产生新的认识，对德育的价值功能和德育的意义产生新的领悟，在提高德育对象的道德境界中提高自身的道德境界，进而为德育活动的高效、德育价值的高扬做出应有的贡献。

（三）德育教师的自我发展是提高高校德育队伍素质的基础和关键

高校德育教师是德育价值的行动者和创新者，其思想政治素质、理性自觉的程度及对德育活动的投入程度关系着德育活动的成效。一方面，教师敢于质疑、

独立自主、充满自信、追求真理的人格素质在德育价值创造过程中起着潜移默化的作用。另一方面，高校德育价值的创造过程也是高校德育教师的“育己”过程。德育教师肩负立德树人的伟大使命，必须不断地加强自身的政治业务素质建设，通过学习和德育工作的实践丰富自己的精神世界，在“育人”的过程中实现“育己”。高校德育教师的自我追求与自我发展是德育队伍建设中不容忽视的重要问题，受教师职业特点影响，教师的内在生命价值就是自我学习、自我发展。教师的自我发展是教师专业发展的内在动力，离开教师的自我发展、自我追求，任何外在的提高教师素养的措施都会变得苍白无力。因此，提升高校德育教师的整体素质，必须关注德育教师的自我发展，鼓励和激励德育教师进行自我发展。德育教师自身要不断丰富和充盈自己的精神世界，在育人中得到快乐，在求知中得到发展，在创造德育价值中实现自身的价值，在德育价值创造活动中实现自身的发展与成长。

五、构建高校德育的良好环境

环境是人的思想品德形成的必要条件。人的精神世界的丰富程度在某种程度上来自一个人所处的环境。环境往往决定了一个人精神生活的性质。人的品德和心理是环境熏陶和磨砺的结果，环境对人的思想品德的形成产生极大的影响。德育实践证明，优良的德育环境对学生的品德发展和德性养成具有重要作用。因此，构建高校德育的良好环境对于实现高校德育价值具有重要意义。

（一）充分利用社会环境的积极因素

社会经济、政治和文化环境对高校德育价值的创造产生重大影响。党和政府不断推进社会主义物质文明、精神文明、政治文明、生态文明、社会文明建设，为高校德育创造了良好的外部环境条件，全社会重视和不断强化的诚信建设为高校德育创设了有利的社会氛围和舆论氛围。高校德育价值创造应充分挖掘和利用社会环境的积极因素及其育人功能，动态调整高校德育价值创造与社会环境之间的矛盾，强化与社会现象的联结，增强德育价值创造的时代感和针对性。要通过各种媒体媒介，引导德育对象正确认识和对待社会环境的影响，克服消极社会环境的负面影响。要充分利用和开发我国历史上丰富的德育文化资源，从传统美德中汲取营养。要抓住一切有利于振奋民族精神的重大活动、重大事件，营造爱国主义教育环境，提升德育对象的民族精神和社会责任感。积极开展社会实践活动，让德育对象在社会实践中增加德育体验与感悟，产生正确的道德认知。

（二）加强校园环境建设

校园环境是大学生德育的重要载体，与大学生德育效益密切相关。高校校园的物质环境和精神环境体现着学校的价值观念和目标追求，以及学校的精神风貌、个性特色和社会魅力。包含德育目标要求的校园物质环境，包括精心设计的校园建筑风格、独具特色的基础设施，浓郁的校园文化氛围、和谐的文化精神是熏陶、引导、感染全体师生情操和提高素质的无形而巨大的推动力量，也是激发求知欲，培育道德素养，树立正确的人生观、世界观，塑造优良个性品质的重要载体。通过加强高校校园的物质文明、精神文明以及生态文明建设，引导大学生自己动手创建优美的校园环境，营造一种良好的人文氛围和奋发向上的校园精神环境，使学生受到潜移默化的教育和熏陶，发挥德育环境对德育价值实现所具有的积极作用。

（三）构建良好的网络环境

随着时代的发展，互联网作为传播信息的新媒体，越来越成为高校师生获取知识和信息的新途径，具有虚拟性、交互性、丰富性、高效性、全球性、开放性、自由性等特征的网络环境，对师生的学习、生活、工作乃至思想观念产生广泛而深刻的影响。高校德育网络环境的形成，给高校德育工作带来了新的发展契机，也使高校德育工作面临着严峻挑战。充分利用网络环境是高校德育适应社会发展的需要。2004 年，《中共中央 国务院关于进一步加强和改进大学生思想政治教育的意见》中明确要求："要全面加强校园网络建设，使网络成为弘扬主旋律、开展思想政治教育的重要手段。" 2017 年，中共中央、国务院印发的《关于加强和改进新形势下高校思想政治工作的意见》中指出："要加强对校园各类思想文化阵地的规范管理，加强校园网络安全管理，营造风清气正的网络环境。依照党和国家的部署，必须构建良好的高校德育的网络环境。要通过校园网和德育网页、网站，拓展德育的途径和空间。应通过网络平台，与德育对象经常进行对话交流沟通，共议热点和难点问题。德育工作者要及时了解和掌握德育对象的思想动态，不断增强德育的主动性、针对性和实效性。要运用技术、行政和法律手段，加强对网络信息的管理，严防有害信息的进入，牢牢把握网络德育和网络管理的主动权。"

第六章　高校德育过程中的自我教育

德育的过程是教育者根据一定的社会要求和受教育者思想品德形成规律，对受教育者有目的地施加教育影响，并通过受教育者心理内部矛盾而使其养成一定的思想品德的过程，也就是把一定的社会思想准则和道德规范转化为受教育者个体思想品德的过程。德育过程的实质是受教育者在教育者的引领下，将一定的社会思想、道德规范“内化”为自身的道德情感和信念，“外化”为道德行为的过程，即教育者的价值引导与受教育者自主建构活动的统一。在这一过程中，受教育者自身积极性、主动性起着至关重要的作用，它最终决定德育的有效性。当前，影响高校德育实效性的因素有很多，其中一个重要原因就是在德育方法上只重视道德知识的传授，习惯于运用控制性说服方法，对大学生主体性、能动性作用发挥得不够，没有从根本上激发大学生内在的道德需求，没有真正提高大学生在道德上自我激励、自我控制、自我实现的能力，也就是说，对大学生自我教育作用发挥得不够。自我教育是德育的最高境界，因为思想道德教育的目的归根结底都是靠自我教育来完成的。教育者只有巧妙地把对学生的教育转换成内在的自我教育，才能实现德育的目的，否则，德育毫无意义。

第一节　大学生德育过程中自我教育的基本原理

一、德育过程的实质

关于德育过程的实质，以往理论界一般认为德育就是教育者把一定社会的思想准则和道德规范转化为受教育者个体思想品德的过程，思想道德等纯粹是从外部“转化”进人的头脑中的，德育过程只是一种由外向内对学生施加影响的过程。这种德育过程的“转化”理论把德育过程看作教育者按照社会的要求对受教育者进行“培养”“塑造”“改造”的过程，德育过程形成的主体也是教育者从外部对受教育者进行“培养”“塑造”“改造”的结果。这种“转化”理论的根本缺陷在于只看到了教育者在德育过程中的作用，而忽视了受教育者在德育过程中的自主作用。德育过程实质上是教育者价值引导与受教育者自主建构的统一。

一方面，德育过程具有价值引导性。这是德育过程区别于个体品德自发发展过程的一个非常鲜明的特征。没有价值引导，就没有德育过程，所谓的德育过程也就变成了单纯的个体品德发展过程。但价值引导不同于价值灌输，灌输就其本质特征来说是强制性的，它用一些专制的强迫的方法把某种特定的观点强加给受教育者，不允许受教育者怀疑、思考与比较，不考虑受教育者是否有能力、是否愿意接受，它违背了个体思想品德形成和发展的规律。价值引导是根据受教育者思想品德发展状况，按照自我选择的原则，引导学生建构个体思想品德，而非将某种观点强制性地“灌进等待装载的心理的和道德的洞穴中去”。价值引导也不同于“塑造”，在塑造过程中，受教育者完全是一个被动的客体，没有任何主动性和选择性，教育者传授什么思想，受教育者就只能接受什么思想。因此，价值引导则是教育者帮助受教育者“生成”自己的思想品德，帮助受教育者自己改变自己，它表明了德育从“外加”到“内生”的转变，表明了受教育者在德育过程中从他主到自主、从他律到自律的变化。

另一方面，德育过程也是受教育者在教育者的价值引导下自主建构思想品德的过程。所谓“自主”建构，是指受教育者的思想品德是其自主地、能动地生成的，而不是教育者灌输和模塑的结果。从个体思想品德的形成和发展来看，受教育者个体在教育者传授的政治理论、思想观点、道德规范面前，似乎是被动的和受制约的，而实际上受教育者思想品德的形成和发展是自主建构的结果，只是自主建构的程度、主体性发挥的水平不同而已。因为教育者的活动对于受教育者思想品德的形成和发展而言都是外因，它只提供了受教育者思想品德发展的外部条件，并不会自主地转化为受教育者思想品德形成和发展的现实，它必须通过受教育者的自主建构活动才能得以实现。因此，在德育过程中受教育者始终可以自主地建构自己的思想品德。虽然每一个个体所建构的思想品德的性质和水平不同，但作为德育过程的主体，受教育者可以用不同的方式对自我的思想品德进行建构。

总之，人的思想品德的形成不是一个被动地接受过程，单纯靠教育者的“教化”“改造”是无法完成的，它离不开受教育者自身思想心理内部的矛盾和冲突。对受教育者进行思想品德教育就是要充分发挥其主观能动性，激发其内在需要，通过其内部的思想矛盾斗争，最终实现道德信念、情感的内化和道德行为的外化。因此，教育者在德育过程中必须改变传统的教育方式，充分发挥受教育者自身的作用，积极引导受教育者进行自我教育。

二、德育过程中的自我教育

（一）自我教育的历史传统

在国外，关于德育过程中自我教育的理论有很多阐述，自我教育思想派别林立、理论纷呈，但主要包括存在主义自我教育思想、人本主义自我教育思想以及教育家苏霍姆林斯基对自我教育的探索。

存在主义自我教育思想是主观唯我主义教育哲学，主要代表人物是法国的萨特、德国的海德格尔以及美国的奈勒等，他们认为教育是以个人的“自我完成”为目标，个人是“教育的主体”，教育即创造自我、完成自我，每个人最好的老师就是自己，认为自我教育是最实际的教育，道德标准要自由选择。因其自我教育理念过分强调学生主体，过分强调对“自我”的关注，充满了个人主义，最后走向否定教师、否定教学、取消学校的极端，陷入了自我膨胀的旋涡之中。

人本主义自我教育的核心观点是自我实现。人本主义认为，人生来就具有一种内在的自我实现的趋向，只要有良好的条件，人的自我实现的趋向就会得到发展。在德育过程中，受教育者是主体，德育活动必须以受教育者为中心，教育者必须尊重受教育者自我发展、自我实现、自我表现的欲求。德育过程是受教育者的“自我表现过程”，而教育者只是德育过程和受教育者自我实现的“促进者”，教育的最高境界是自我实现。

教育家苏霍姆林斯基认为，只有能够激发学生进行自我教育的教育，才是真正的教育。因为只有自我教育，才能形成学生的人格力量，才能使其具有道德上的自觉性。他认为，“只有当他（学生）学会了不仅仔细研究周围世界，而且仔细研究自己本身的时候；只有当他（学生）不仅努力认识周围事物和现象，而且努力认识自己的内心世界的时候；只有当他（学生）的精神力量用来使自己变得更好、更完善的时候，他才能成为一个真正的人”。因此，苏霍姆林斯基指出：“在对个人的教育中，自我教育是起主导作用的方法之一。”

（二）德育过程中自我教育的界定

关于自我教育，目前理论界主要有以下几种界定。《中国大百科全书》将自我教育分为广义和狭义两个层面，认为广义的自我教育是受教育者以一定的世界观和方法论认识主观世界和教育自己的全部过程，即人们以自己已经形成的思想品德为基础，而提出一定的奋斗目标，监督自己去实现这些目标，并评价自己实践结果的过程；狭义的自我教育即自我批评，是德育的一种方法。鲁洁在《德育新论》中把自我教育作为德育的一种方法，认为自我教育是受教育者在教育者的指导下、在自我意识的基础上产生积极进取心，为形成良好思想品德而向自己提出任务，进行自觉的思想转化和行为控制的方法。与此相似，邱伟光、张耀灿主编的《思想道德教育学原理》也认为自我教育是受教育者在自我意识的基础上通过自我认识、自我体验、自我控制，产生积极进取之心，主动接受先进思想和正确行为的方法。

以上界定都从不同侧面揭示了自我教育的科学内涵与本质特征。虽然表述不尽相同，但都把自我教育看作德育的一个基本方法，或者一个基本过程。通过上述界定，我们可以概括出自我教育的两个基本维度：一是方法说。即把自我教育看作德育过程的一个基本方法，认为自我教育是在教育者的启发和引导下，受教育者对自己的品德表现进行自我认识、自我监督、自我克制和自我改正，以提高思想品德水平，形成良好的思想品德和行为的方法，如同苏霍姆林斯基所指出的，“在对个人的教育中，自我教育是起主导作用的方法之一”。二是过程说。即把自我教育看作个人主动提出道德修养目标，并以实际行动努力完善或培养自己人格品质的过程，也就是受教育者在自我意识的基础上，以自我价值判断为标准，在原有观念和价值图式的基础上，对外来信息进行反应并形成品质的过程。

综上所述，德育过程中的自我教育可以定义为：个体在自我意识的基础上，根据社会要求和自我发展需要，在教育者引导下或在外界环境作用下，通过主客体的分化，把自身作为教育对象，经过自我认识、自我体验、自我控制、自我实现等过程，实现道德规范的内化和道德行为的外化，以提高和完善自我思想道德品质的活动过程。对这一定义，可以从以下几个方面来理解。

第一，自我意识是自我教育的前提和关键。教育必须具有主客体，自我教育以自我意识分化出主体我和客体我为前提。初生的婴儿是没有自我意识的，在其意识中，自身与周围的环境是浑然一体的，故无所谓自我教育。只有当意识发展到一定水平后，人不仅能认识和反映客观世界，而且把自我也作为认识和反映的对象，把“我”分为主体我和客体我、理想的我和现实的我，才能建构自己的内部世界，也只有在这个时候，才谈得上自我教育。

第二，自我认识、自我体验、自我控制是自我教育的主要心理机制。自我教育首先要求个体对自己有正确、客观的认识和评价，明确自己要成为什么样的人、能成为什么样的人。只有正确认识自己，明确自己与社会发展的关系，才能激发自我教育的愿望和要求。自我教育过程总是伴随着个体的情感体验，这种体验或是积极的，或是消极的，它都会对自我教育活动产生推动或阻碍作用。自我控制主要指意志力，是支配和节制自己的能力；自我教育是自己教育自己的过程，由于缺乏外在的强制约束，因此离不开自我控制这一心理机制。自我认识、自我体验、自我控制体现了德育过程知、情、意的有机统一。

第三，自我教育的基本属性是活动。人总是通过他人来认识、体验和认同自

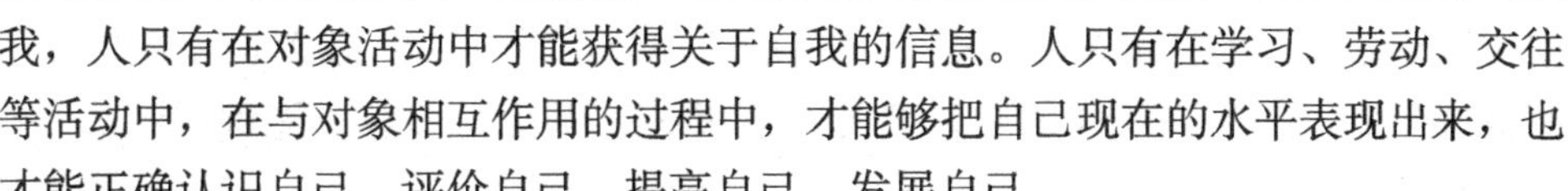

我，人只有在对象活动中才能获得关于自我的信息。人只有在学习、劳动、交往等活动中，在与对象相互作用的过程中，才能够把自己现在的水平表现出来，也才能正确认识自己、评价自己、提高自己、发展自己。

第四，自我教育离不开社会教育。德育的过程是教育者的价值引导与受教育者的思想品德自主建构的统一。教育者是德育过程的组织者和引导者，没有教育者的启发和引导，受教育者很难进行持续有效的自我教育。虽然自我教育是一种主体内在的自我发展、自我完善，但是这种特殊的教育形式也不是封闭的、孤立的，它在面对自我的同时，还必须接受外在环境的影响和制约。因为受教育者的自我认识、自我评价常常以他人的评价为参照系，正如心理学家库克所指出的："别人对自己的评价是自我评价的一面镜子。"因此，自我教育不可能完全是自发生成的，而是在社会教育的活动中、在精心创设的教育情境中生成的。

（三）德育过程中自我教育的基本特征

德育过程中的自我教育既需要个体对道德规范的理解和内化，也需要个体内心的涵养和行为的修炼，是个体自觉、主动地进行思想转化和行为控制的活动。与社会教育相对应，自我教育是一个自己教育自己的过程。自我教育的英文翻译之一是"teach oneself"，意为"自教"，它具有自控性和自授性。这种自控性和自授性隐含在自我教育的各个内在要素中，使自我教育呈现出以下基本特征。

第一，教育目标的自我取向。目的性是人类实践活动的基本特性，教育活动总是按照一定目标实施。个体在所受的社会教育的基础上，根据社会发展趋势和自身发展需要独立自主地确定自我教育的目标，这是对做一个什么样的人的选择和取舍。最高的自我道德教育目标是完整而高尚的道德人格的追求，最低的自我道德教育目标是不违背社会道德价值观念和道德规范要求的目标。

第二，教育内容的自我选择。一是个体能够在社会主流的道德规范体系和道德价值目标的指导下，依照自身的发展需要、自我道德信念和价值认同，对社会道德的教育内容进行取舍和筛选，形成自我教育的内容体系；二是个体虽不能自觉地以社会主流的道德规范体系和道德价值目标为指导，但能听从自我良心的呼唤，选择有益于社会，至少不违背社会规范要求的道德作为自我教育的内容。

第三，教育方法的自我践履。道德品质的形成不仅仅是道德认知，更重要的是道德践行。个体自觉地选择教育内容，把它内化成自己的道德信念和道德价值体系，并进一步将道德信念转化为道德实践，从而逐步养成道德行为习惯，最终形成良好的道德品质。因此，与智育的自我教育有区别，自我践履是自我教育不可缺少的环节。

第四，教育过程的自我调控。自我教育过程是一个不断地认识、实践、转化的过程，具体包括个体自主地确定目标、选择内容、付诸实践、升华品质等，整个过程不是一帆风顺的，而是充满曲折的，因而必须有道德意志的维护和道德情感的激励，需要个体对自己进行自我调控，保证自我教育能够始终如一、坚持到底。

第五，教育效果的自我评价。这主要是个体以自我教育目标为基本标准，独立自主地确定评价标准、检查教育目标、分析教育效果、寻找成败原因、提出明确对策的过程。通过对教育效果的自我评价，个体可以明确是否有必要进行目标修正、内容补充与方法改进等，并在进一步的自我教育中，使道德信念更坚定、道德行为更坚定、道德目标矢志不移。

第二节　高校德育过程中自我教育的可行性及现实意义

一、大学生实施自我教育的必要性与可能性

（一）从社会发展环境看

什么样的时代需要什么样的教育，教育只有跟上时代发展的步伐才能保证其功能的充分发挥。随着我国社会主义市场经济体制的建立和发展，市场经济自主经营的原则激发了人的主体意识的生成，市场经济要求经济人充分发挥主体性，实行自主经营、自负盈亏、自我约束、自谋发展，这有利于人们主体性的充分发挥，增强人们的使命感、责任感；同时，由于经济多元化带来人们价值取向的多元化，也必然给人们的道德选择带来了更多的民主性和多元性。大学生是未来社会主义市场经济建设的主体，他们把自我的存在、自我的独立价值和自我的主体地位作为生命的意义和基本点，以独立的人格关注社会现实、思考未来，表现出独立、民主、思考、选择、参与、创造等鲜明的时代特征。这些都为大学生在道德上进行自我教育创造了条件。另外，市场经济的负面影响，也给高校德育以巨大的冲击，面对良莠共存的社会行为和价值观念，也需要大学生不断加强道德修养，提高自我甄别能力。

当今时代是一个开放的时代，它为每一个大学生提供了广阔的舞台，也为大学生自我教育的发展提供了可能。形形色色的制度、组织、活动、思想观念的出现，既为当代大学生选择有利因素创设了条件，也给一些消极因素的扩充带来了可能；既为大学生提供了良好的发展机遇，也给大学生适应复杂环境提出了新的挑战。面对纷繁复杂的社会现象，青年学生不可能把自己封闭起来置之不理，必须进行辨别、评析和选择，力求正确把握自己，不为诱惑所动。这就要求大学生不断提高自我判断、自我选择的能力，最终正确选择有利于个人发展和社会进步

的事物，争取在道德上不断进步。

互联网作为20世纪最伟大的技术革命之一，给高等教育带来了翻天覆地的变化。网络的全球性、开放性，使各种不同的思想文化、价值观念相互交流，其中的内容鱼龙混杂，良莠兼具。网络的虚拟性使网络成为一片无约束的“自由”乐土，这种道德监控的“真空”状态，要求大学生具有辨别是非真伪的能力和抵制诱惑的能力。网络进入校园后，大学生必须提高自我修养，即使在个人独处的情况下，也应坚守道德规范，自觉按照道德准则行事，从而达到慎独的境界。另外，网络技术的蓬勃发展使大学生直接面对各种丰富的教育信息和资源，大学生可以根据自己的需要和兴趣，自由选择适合自身发展和有助于社会进步的内容进行学习，这也为自我教育提供了可能。

（二）从高校发展现状看

近年来，我国高等教育发展取得了令世人瞩目的成就。随着我国高等教育大众化程度的进一步提高，高等教育改革与发展出现了一些新的状况和趋势，也给高校德育工作提出了新的要求。高等教育不再面向少数“精英”，而是面向全社会，这样就出现了德育对象的多样性，因此需要对大学生进行个性化教育。同时，独生子女已经成为大学生的主要成员。由于生长环境的特殊，独生子女性格的发展也有一定的特点。高等教育的大众化、多样化，必然要求高校提供更加个性化的道德教育，更加重视发挥学生自主性，引导学生进行自我教育。

大学生宿舍的公寓化管理是我国高等院校扩招后产生的一种新的教育和管理模式，也是我国高校后勤社会化改革的产物。学生除课堂之外至少有三分之一的时间是在公寓宿舍里度过的。实行公寓化管理，使高校的学生后勤管理按照社会的要求进行服务，从对学生的管理变成为学生提供服务，学生的自由度明显增加。这种自由度的增加也大大增强了大学生自我教育的可行性和现实性。公寓已成为大学生生活、学习的重要场所，也是学生之间相互影响、相互交流的主要场所，是大学生人生观、价值观形成的重要阵地。因此，针对目前大多数高校公寓管理的现状，也必须提高大学生自我教育、自我管理、自我服务的能力。

目前，大多数高校在学籍管理上都实行学分制，学分制是一种具有弹性、选择性、兼容性和自主性等特征的教学管理制度。在学分制条件下，学生可以根据自己的爱好选择感兴趣的课程和专业，可以根据自身的发展进行自我调整，从而培养自主确定价值取向、理想信念和自觉调整行为的能力。学分制为大学生提供了更多的自主权，同时对大学生德育过程中的主体认知能力、主体性人格自律精神提出了更高的要求。从德育的角度看，学分制强调以每一个学生的自身特点为基础发展个性，肯定学生自我价值实现的积极要求。这种教育观无疑对只注重“以社会为中心”的德育理念形成了挑战，进而要求树立以人为本、尊重个性与主体性的德育理念。在德育实践过程中，学分制条件下聚集学生群体的要素是课程而不是班级，学生具有较大流动性，班级对学生的组织管理作用弱化，客观上也要求大学生提高自身的道德认知能力、道德判断能力和道德自律能力。因此，学分制的实行极大地调动了学生自主学习的积极性，为学生自我选择、自我设计、自我调整、自我实现，以及为学生成为自我教育主体创造了有利条件，从而进一步激发了大学生自我教育的积极性和主动性。

（三）从大学生身心发展特点看

大学阶段处于青年中后期，从生理发展上看基本处于成熟或接近成熟阶段。心理学研究结果表明，人在 18 ～ 25 岁，脑细胞内部的结构和机能的复杂化过程发展剧烈，这就为大学生进行自我教育提供了生理方面的基础。随着生理上的成熟，大学生的心理也逐步走向成熟，特别是自我意识的发展为大学生自我教育提供了心理基础。

自我意识是一个人对自己发展的反思和认识，它在大学生个性形成中占有极其重要的地位，它使大学生在积极地认识世界、改造世界的同时认识自己、发展自己、完善自己。大学生自我意识的成熟表现在以下三个方面：一是大学生具有自我教育的认识基础。随着知识、年龄和阅历的增长，绝大多数大学生已经能够比较清楚地认识自己，明白自己与社会标准的差距，并根据社会的要求确立自己的目标。二是大学生具备自我调控的能力，这是进行自我教育的必要前提。大学生已经具有明显的自觉性和主动性，在自我发展目标确定之后，能根据社会要求和个人能力调整自己的行为及努力的方向。三是大学生具有自我提高的迫切要求，这是进行自我教育的内在动力。大学生越来越关心自己的优缺点，他们好胜心强，对别人的评价非常敏感，希望自己能在群体中出类拔萃等。所有这些都是促使他们进行自我教育的心理基础和精神动力。

虽然大学阶段的学生的自我意识迅速发展并趋于成熟，自我评价能力有所增强，自我体验日益丰富，自我独立意识和自我设计、自我完善的愿望也越来越强烈，但是从心理发展和现实反馈的信息来看，大学生自我认识、自我评价、自我控制等方面都呈现出明显的问题和不足，最突出的表现是大学生既有独立性又有依赖性，出现独立性与依赖性并存的矛盾。一方面，大学生进入大学后开始了相对独立的生活，通过参加一定的社会活动，意识到自己社会地位的变化，意识到自己进入了“成人世界”，有了强烈的自主感和独立性，这为其进行自我教育提供了条件。另一方面，由于在校大学生生活自理能力较差、社会经验较少，遇到一些大事时就会表现出心理上的依赖。这种独立性和依赖性之间矛盾的存在迫切需要提高大学生自我教育的能力。

二、大学生自我教育的现实意义

（一）自我教育有利于提高高校德育的实效性

长期以来，高校德育模式由于受传统德育模式的束缚，对大学生的自我教育能力的培养重视不够。在德育价值取向上，从社会本位角度出发，传统德育目标设定虚空，缺乏应有的感召力，把德育片面地理解为对受教育者意志与行为的限制和防范，一旦受教育者出现“偏离”行为，往往通过压制式管理进行处理，结果以牺牲育人价值为代价去迎合社会需要，限制了受教育者创造性、民主性、能动性的发展，压抑了人的主体精神，造成德育实效性差。

在德育过程中，受教育者不是机械地、被动地接受教育，而是具有一定的主观能动性，德育过程是教师与学生共同参与的过程。教师的一个重要任务就是使大学生的自我需求与社会需求相统一，把教育内容转变为大学生自我的需求，引导大学生不断地认识自我、反省自我、改造自我，最终实现与满足自我需要。这一过程实际上也是大学生个体内在的自我教育活动。因为任何理性的教育、形象的感染都是外部的客体，都只有通过主体的心理过程才能起到这样或那样的作用。如果没有主体内心的心理过程的发生，任何教育都等于零。因此，高校德育仅仅通过外在传递是不能完成的，它必须通过大学生自我的接受和内化才能达到教育效果。

当代大学生主体意识较强，能自觉地投身学习、生活与社会交往，主动实现个人价值和理想。这种主体意识主要体现在个人对周围事物的独立思考、个人对自我的设计和选择，以及个人的自我负责精神上。在教育中，他们越来越不愿意被动地接受他人的支配和强制灌输的教育，他们希望能将自己的需要与社会的需要内在统一起来，以表现出自己在行为过程中的主动性和主体地位；他们有强烈的参与意识，希望自己的意志和人格受到外界的尊重。大学生的自我教育活动恰恰满足了他们的这种心理愿望，在教育过程中变被动为主动，大大增强了他们参与塑造自身品德的积极性、主动性和能动性。

（二）自我教育有利于促进大学生心理的健康

当前，大学生心理不健康的表现主要集中在三个方面：认知障碍，如缺乏自觉性和自信心；情绪情感障碍，如缺乏自尊心；行为个性障碍，如缺乏自律、自控等。而这些心理不健康的表现都是与学生自我教育的内容和目标密切相关的。从某种意义上说，大学生心理不健康的原因之一就是自我教育能力过低。提高自我教育能力，就能提高自我对心理病症的预防和抵御能力，从而增强心理免疫力，促进心理健康的发展。针对大学生所出现的认知障碍、情绪情感障碍、行为个性障碍等心理不健康表现，可以通过自我教育中正确的自我认知、积极的自我激励、主动的自我调控等要素环节进行心理健康教育。

自我认知即个体对于自身生理、心理状态和发展特点及其相关知识、技能结构以及自身与环境关系的认识。它是自我体验、自我监控的基础，也是确保大学生心理健康的认知基础。研究结果表明，还处于青年期的大学生，是自我认知不断发展并走向成熟的关键时期。大学生认识自我的发展存在着一个明显的冲突、分裂、整合、统一的过程，如果能通过协调平衡达到自我统一，则有助于人格的健康发展。因此，帮助大学生正确认识自我、客观评价自我、积极地悦纳自我，对促进大学生的心理健康发展会有较大帮助。

自我激励是自我认识和自我监控的内驱力，也是心理健康教育的动力。人的自我体验可能产生积极的情绪反应，也可能产生消极的情绪反应，自我教育的任务之一在于自觉地激发和强化积极的自我体验、克服消极的自我体验。通过自我激励，提高大学生的自尊心和自信心，能不断克服消极情绪，从而保持积极、健康、乐观向上的情绪状态。

自我调控是在自我认识和自我体验基础上所产生的自我调节和自我控制，它表现为自我启动或自我制止、心理活动的自我集中或自我转移、心理过程的自我加速或自我减速、积极性的自我提高或自我降低等。自我教育的任务是主动地强化正确的自我调控，克服错误的自我调控，以确保目标的实现。因此，自我教育有利于培养大学生自强、自立精神，帮助大学生形成健康的人格，增强大学生自我调节的意志品质。

（三）自我教育有利于培养大学生的创新型人格

创新是一个民族进步的灵魂，是国家兴旺发达的不竭动力。高等教育是培养和造就创新人才的摇篮。培养创新人才，必须发挥学生的主动性、积极性。自我教育是一个人在道德修养上自觉能动性的突出表现，能使大学生自觉优化个性心理品质，自觉地按社会发展的要求自我设计、自我完善、自我实现。因此，自我教育对大学生创新型人格的塑造具有积极作用，具体表现在以下几方面。

首先，自我教育体现了教育民主的基本精神。教育者与被教育者之间是一种民主平等、彼此尊重、相互学习的师生关系，教育的方法是引导、激励，而不是灌输、强迫，这就为大学生创造了民主、平等、信任的环境。在这种宽松和谐的环境中，大学生学习的主动性、积极性得到充分发挥，同时能激发大学生浓郁的创新意识和无限的创造精神。

其次，自我教育顺应了大学生思想发展的现实特点。当代大学生具有许多鲜明的时代特点，他们思想十分活跃，价值观念呈多元化。在改革开放的过程中，各种思潮从不同方面渗透到大学生的内心世界，影响他们的行为习惯和生活方式。他们面临的是纷繁复杂的大千世界，许多问题都在显示着一个“变”字：生活方式在变，思想观念在变，价值选择在变，成才标准在变。在这多变的环境中，大学生必须掌握自我教育的方法，具备很强的自我教育能力，学会独立思考，有较强的辨别是非能力和行为控制能力，从而逐渐培养创新意识和创新精神。

最后，自我教育有利于培养大学生的责任感、义务感。在任何社会，社会责任感都是社会前进的精神支撑力之一，是先进阶层实现自己的社会历史使命的必要条件。自我教育能力强的大学生，能自觉地把个人的前途和命运与祖国的前途和命运联系在一起，对国家、对人民、对社会有责任心，对生活充满热爱，对工作充满热情，把促进人类幸福、社会发展、振兴中华作为自己的人生抱负并无怨无悔地奋斗终生。相反，一个缺乏社会责任感，面对大千世界冷若冰霜，对待工作任务敷衍应付的人，是不会有什么创造力的。

第三节　高校德育过程中自我教育的实施

一、引导大学生自我教育的基本原则

（一）主体性原则

贯彻主体性原则，要注意以下几点。

第一，唤起大学生的主体意识。主体意识是指作为认识和实践主体的人对于本身的主体地位、主体能力和主体价值的一种自觉意识，是主体的自主性、能动性和创造性的观念表现。主体意识的强弱在某种程度上决定着主体对自身发展的自知、自控、自主的程度。因此，只有唤起大学生在德育过程中的主体意识，才能有效地引导大学生进行自我教育。

第二，尊重大学生的主体地位。德育的根本是人。德国教育家洪堡认为：教育必须培养人的自我决定能力，而不是培养人去适应传统世界，不是首先要去传播知识和技能，而是去“唤醒”学生的力量，培养他们自我学习的主动性、抽象的归纳力和理解力，以使他们在目前无法预料的种种未来局势中自我做出有意义的选择。这就意味着在整个教育过程中必须始终尊重大学生的主体地位。只有尊重大学生的主体地位，才能使大学生获得自尊、自信的情感价值，才能使大学生学会对自我负责、对他人负责、对社会负责，从而更加积极地进行自我教育。

第三，将大学生的主体性与教师的主导性相结合。自我教育强调学生的主体

地位，并不是否认教师的主导作用。学生的自我教育不等于放任自流，只有把学生的主体性和教师的主导性结合起来，才能有效地引导学生进行自我教育。学生的主体性不是主观自生的，而是需要一个形成和发展的过程，这个过程离不开教育者的引导与帮助。

正如教育家皮亚杰所说："认识既不是起因于一个有自我意识的主体，也不是起因于业已形成的（从主体的角度来看）会把自己烙印在主体之上的客体，认识起因于主客体之间的相互作用。"

（二）平等性原则

在现代德育过程中，教师不再是一个高高在上的教育者，而是一个平易近人的交流者、倾听者、建议者；学生不再是一个低人一等、消极被动的接受者，而是一个平等的积极主动的参与者和交流者。平等、民主、和谐、融洽的师生关系容易使学生产生信任感，愿意倾听教师的意见，并易于与教师产生共振，乐于接受教师的培养和教育。如果教育者在德育过程中以居高临下、盛气凌人的姿态出现，就无法与学生进行思想、信息和情感的交流，也无法引导学生进行正确的自我教育。

平等性原则的基点是"尊重"。教育家马卡连柯提出的尊重与信任学生的理念至今仍然是我国教育中奉行的重要原则。每个人都有强烈的尊重需要，马克·吐温曾说过："听一次恭维，我可以多活两个月。"在引导学生进行自我教育的过程中，尊重的价值体现在大学生的自我接受、自我负责和自我实现上。大学生只有受到尊重，才会面对内心最需要关注的东西，才不会存在自我厌恨、自我否定的感觉，才会将自己的身体、情感、思想、行为和梦想等看作自己的组成部分，从而不回避、不拒绝，切实地去体验、去感觉、去期盼，做该做的事，做该做的人。尊重可以使大学生感受到自我的力量，使他们感受到自己的学习、生活和发展只能靠他们自己来创造、来改变。

尊重学生，一要尊重大学生的人格。人立身于世，贵在有人格尊严。大学阶段是自我意识急剧发展的时期，也是人格形成的关键时期。尊重大学生的人格，有利于大学生树立自尊、自信、自强的人生态度，这是引导学生进行自我教育的前提。二要尊重大学生的自我选择。在自我教育过程中，大学生对教育的内容是经过自我判断之后的一种选择和接受。教师只有尊重学生的选择，才能使自我教育取得应有的效果。三要尊重大学生的不完美性和个别差异性。人都是不完美的，要求大学生十全十美，是过分的苛求，也是一种不尊重。同时，由于每个个体的先天条件和后天条件不同，决定了他们在知识水平、思想认识、自我监督和控制能力以及自我完善、自我发展的要求等方面都存在差异，因此必须尊重大学生的个别差异性，因材施教、因势利导。

（三）一致性原则

贯彻一致性原则，一是要坚持教师引导与学生自主发展的统一；二是要坚持社会价值导向与学生个体价值取向的统一。

1. 教师引导与学生自主发展的统一

自我教育要树立社会教育与自我教育相结合的教育理念，在德育过程中要坚持教师引导与学生自主发展的统一，不断培养受教育者的自我教育能力。在遵从社会德育目标的前提下，高校德育工作者要不断激发大学生自我教育意识和积极性，尊重大学生对德育内容的自主选择和接受能力，提供自我教育、自我修养的相应方法和手段，推动大学生根据社会发展和自我发展的需要而不断进行自我反省、自我体验、自我激励和自我调控，使大学生在德育过程中自主地发展和完善自身的道德品质，增强自我教育能力。高校德育与心理健康教育研究强调发展学生的自我教育能力，放手让学生进行道德自主发展和自我省悟，并不意味着自我教育是一种“自发教育”和“自由教育”，甚至是“不教育”。因为受教育者的“自发行为具有很大的随意性和片面性，不是严格意义上的自我教育活动”，因此，自我教育并不意味着放任自流，它要求教育者对学生的自我教育进行方向引导、目标确定、计划安排、信息供应、方法介绍和行为敦促，否则，难以确保自我教育的方向和质量，同时又要注意不能指导过细，以免束缚学生的自主性和能动性。

2. 社会价值导向与学生个体价值取向的统一

一方面，自我教育强调尊重学生的自主选择、自我发展，必然涉及学生个体价值取向与社会价值导向的关系，自我教育必然要求社会价值导向与学生个体价值取向的统一。大学生自我教育意识形成和能力发展并不是自发产生的，它来自社会文化、学校教育、家庭影响等多因素的长期共同作用，而社会价值观念是这些影响因素中的重要组成部分和核心内容。因此，大学生业已形成的理念和意识中已存在许多以个体价值取向作为表现形式的社会价值观念，这为大学生把外在价值导向转化为内在价值取向提供了可能性。

另一方面，自我教育、自我发展过程中大学生个体价值取向与社会价值导向也不完全一致。如何对受教育者个体价值取向与社会导向之间的差异和矛盾进行协调、统一，并使这种处理个体与社会关系的思想方式和态度倾向成为大学生进行人生自主抉择的心理模式，成为自我教育的持久力量，就是高校德育工作者发挥教育影响力的关键所在。因此，引导大学生进行自我教育，并不意味着回避个体价值取向与社会价值导向的差异与矛盾，而是要让受教育者经过自己的认真思索、权衡利弊和自主抉择，获得处理和协调这一矛盾和关系的辩证思维方法，并发展成为大学生终身道德自我教育能力。

二、激发大学生自我教育的动力

大学生自我教育的动力来自大学生自身内部的需要、动机、理想、目标、信念等行为激励因素。从心理学的角度分析，这些行为激励因素都是自我教育过程中心理机制作用的结果。因此，激发大学生自我教育动力，必须正确认识大学生自我教育的心理过程，构建大学生自我教育的有效激励机制。

（一）大学生自我教育的心理过程

大学生自我教育从其心理发展过程来看，主要体现为学生在认知、情感、意志、行为等自我意识上的心理体验及实践过程，即自我认识、自我评价、自我体验、自我调控和自我实现的过程。

第一，自我认识。自我教育是从自我认识开始的，只有主体自我对客体自我经过感知、觉察、思维分析这样的自我认识活动，才能形成主体自我与客体自我的分化、差异、矛盾和对立，主体自我对客体自我教育过程才能开启和进行。大学生自从跨入大学校门之日起就开始主动设计规划未来发展目标，受未来目标的驱动，他们开始探索自身，认识自我、评判自我：我究竟是什么样的人？我现在怎样？未来又会怎样？对于这些问题，他们经常进行反思，特别是受到外界因素的感染，他们会主动地把自身当作对象进行自我认识和评价，同时希望从别人对自己的态度和评价中了解自己。

第二，自我评价。自我评价是大学生在自我认识的基础上对自我认识的进一步深化。自我评价的正确与否，并不是看主体自我单方面形成的结论，而是看主体自我的判断是否与客体自我一致或基本一致。大学生自我评价有四种类型：与客体自我相符合的自我评价（有自知之明），高于客体自我的自我评价（自视过高），低于客体自我的自我评价（自视过低），与客体自我完全颠倒的自我评价（倒错自我评价）。显然，只有与客体自我相符合的自我评价才会产生积极作用，推动大学生开展正确的自我教育。当然，大学生在自我评价中，难免存在主体我与客体我不相符的情况。因此，正确的自我评价不可能一次完成，需要经过不断修正、调整，经过多次循环往复才能达到主客观的一致。

第三，自我体验。自我体验是大学生在自我意识过程中形成的情绪体验和情感态势。大学生在自我意识过程中，总有一种或几种情绪处于主要的、经常出现的，甚至相对稳定的状态，如尊重、自信、自满、自卑、自贬等。在自我教育过程中，大学生对自我情绪和情感的体验是非常重要的。如果大学生在自我认识、自我评价时体验的主要是抑郁、自责、悲愤、失望、焦虑等消极情绪和情感，那么在这种状态下，他们很难进行积极的、自觉的自我塑造和自我完善。因此，能否帮助大学生在正确认识自我和评价自我的基础上调整自己的情绪，保持健康向上的情绪和情感状态，将直接影响自我教育的效果。

第四，自我调控。大学生的自我调控是自我教育心理过程中的意志过程，主要表现为大学生对自己行为的监督和调节使之达成自我的目标。大学生自我调控的核心是意志，因为意志对人的行为具有发动、坚持、制止、改变等方面的作用，即意志的自我调控作用。在自我教育过程中，大学生根据外部客观环境的变化以及对自己心理和行为的反省、检查、监督，有意识地调整自己的目标、管理自己的情绪、修正自己的行为，以实现自己的理想和目标。

第五，自我实现。自我实现是个体在自我教育过程中，根据社会发展需要和理想自我目标，通过自我认识、自我评价、自我体验、自我调控等心理发展的历程，进行自我塑造和自我完善，实现由现实自我向理想自我的过渡。自我实现是个体在完成自我教育的心理发展的主要历程之后，将一个重新塑造的“自我”展现在社会生活舞台上。它是自我教育逻辑发展的内在规律的体现，是自我教育的必然归宿。

（二）构建大学生自我教育的动力机制

自我教育的动力机制是自我教育的“发动机”，是驱动自我教育产生、发展的动力和源泉。随着大学生自我意识能力的增强和受外在环境、社会教育的影响，大学生会自觉根据社会发展的要求逐步形成对自身理想状态的基本认识，如“我能成为什么样的人？”“我应该成为什么样的人？”，与此同时也会形成对自身现实状态的不满足，产生一种欠缺感，从而造成理想自我与现实自我的矛盾。大学生理想自我与现实自我的矛盾斗争是大学生自我教育的动力源泉。

大学生自我教育表现为现实自我与理想自我之间矛盾的形成和转化。所谓现实自我，是指个体认为自己已具有的身心发展水平和特点，而理想自我则指个体希望达到的身心发展水平和特点。大学生在自我意识的基础上，将现实自我与社会要求、群体规范、典型人物进行对比后会看到一种差距，这种差距会使其内心不安，并产生强烈的自我发展愿望。这样理想自我与现实自我便产生了分化和对立，理想自我与现实自我的矛盾运动便开始形成。由于理想自我与现实自我的矛盾运动，激起了个体内心冲突，促使个体调动自身的动机、情感、意志、信念、潜能等动力机制，激励、调节、监督自我，努力促使自己向理想自我的目标迈进，致力于克服乃至最终消除二者的差距和对立，实现理想自我与现实自我的协调和统一。可见，理想化的自我一旦在个体思想意识里成为必需，就会对个体产生巨大且持久的推动力，推动个体积极主动地开展自我教育活动。因此，学校德育应积极创造条件构建大学生自我教育的动力机制，引导大学生进行正确的自我教育。大学生自我教育动力机制的构建包括以下几个步骤。

第一，自我教育动力的激发。从以上分析可以看出，大学生自我教育的动力来自对理想自我的追求，来自实现自我的需要。但是大学生理想自我的形成并非自发的，它离不开外部环境的刺激和社会教育的引导。为激发大学生进行自我教育，学校德育工作者要引导大学生通过对自我的高度关注，通过与社会文化环境、身边的小环境进行心理上的对比、分析，形成“对比差”，即自我与社会要求、自我与社会群、自我与他人之间的差距，使他们感受和认识到其内在道德已经达到的水平和应有的水平之间的某种“差距”和“脱节”，使大学生产生提高道德的愿望。因此，教育者必须努力形成一个稳定的、系统的、科学的道德自我教育作用机制，营造浓郁的自我教育环境和氛围，使大学生在心理上高度关注自我并产生强烈的塑造自我的愿望，激发大学生自我教育的积极性。

第二，自我教育动力的引导。从总体上说，大学生产生理想自我是出于对自身现状的不满足，是对提升、发展自我提出的积极要求。但大学生理想自我也并不总是积极的，它有可能掺杂消极因素，甚至错误因素。这是因为社会环境是良莠并存、泥沙俱在的，学校教育环境也不可能是绝对纯净的，而且面对复杂多变的社会、学校、家庭等环境因素的影响，每个学生的选择也是千差万别的。教育者要创造积极的教育环境，引导学生辩证地看待社会、正确地看待自我，在自己的内心形成一个符合社会发展要求与自身发展实际，积极进取、健康向上的理想自我；同时还要引导大学生根据现实自我的发展状况和要求的不断变化，调整和修正理想自我，力求达到两者的积极、动态的统一。

第三，自我教育动力的保持。大学生在自我教育启动后存在一个动力保持问题，也就是大学生自我教育的动力能否持续发生作用。如前所述，大学生自我教育的动力源泉是理想自我与现实自我的矛盾斗争，只要大学生理想自我与现实自我存在差距，自我教育就不会终止，自我教育动力就不会熄灭。这就要求学校德育工作者在引导大学生自我教育动力的方向上保持统一性和一致性，预防动力在自我教育尚未达成目标时丧失或者发生方向偏移，即让大学生对预先设定的理想自我要有相对稳定性，始终保持对理想自我的认同。此外，要培养大学生自我调控的意志力，因为意志对人的行为具有发动和保持的作用，它能够促使人们战胜一切艰难险阻，为达成既定目标而奋斗不息。大学生理想自我的实现不是一蹴而就、一帆风顺的，往往会遭遇波澜和坎坷，更需要坚强的毅力和百折不挠的精神。在大学生实现了理想自我向新的现实自我转化以后，即在自我教育目标阶段性完成之后，还要及时引导学生树立新的理想和目标，激发新的自我教育动力。

三、创设有利于大学生自我教育的校园环境

环境是指环绕在人们周围并给人以某种影响的客观现实。大学生的自我教育

环境是指围绕在大学生周围并对大学生自我教育活动的开展产生影响的一切外部条件的总和。任何个体的成长都离不开环境的影响，环境总是以其独特的形象潜移默化地感染人、熏陶人，使人在不知不觉中受到教育的影响，不受环境作用的个体是不存在的。因此，引导大学生进行自我教育同样需要一个良好的环境，尤其要创造出良好的校园环境。正如苏霍姆林斯基所说："如果你希望你的学生能表现自己，那么你就得在学校创造自我教育的环境，而且要善于保持并使之经常充满崇高的精神。"这就要求高校德育工作者努力构建健康、向上、和谐的自我教育氛围，积极创建有利于引导学生富有成效地开展自我教育的校园物质环境、校园制度环境、校园文化环境和校园人际环境。

（一）校园物质环境

校园物质环境是高校校园文化的物质体现和外在标志，它是一种硬性文化，主要包括校园布局、校园建筑、校园文化设施以及校园美化物态等。整体有序的校园布局、独具风格的特色建筑、优美高雅的文化设施，本身就是一种教育力量，无时无刻不在影响大学生学习、成长以及品德的养成，使大学生从中受到感染、教化和启迪。

合理的校园布局不仅应体现"以人为本"的思想，还应体现亲近自然、人与自然和谐统一的理念，即"自然的道德观"。大学校园规划应遵循以"育人为本"的指导思想，体现人性化，突出育人的功效，不能盲目地追求"现代""宏伟""壮观"，要使生活在大学校园里的大学生充分感受到自然的亲和力、感知四季的变化。大学校园还要有浓郁的书香气息和文化氛围，使人漫步其中，心灵受到浸润，人格得到提升，油然而生一种"文化人"的自豪感和责任感。

校园建筑也是一种特殊的物质文化景观，它悄无声息地影响学生生活的观念、对教育的希望和对自己的理解，具有潜在的教育功效。例如，校园建筑中最富表现力的图书馆、教学大楼，它往往位于学校开阔而显眼的地方，而且上面附着"宫殿式"的顶盖，下砌有台阶的烘托，显得凝重而从容，象征着权力与威严，表现出学术的崇高地位，蕴含着祖国和人民对青年的期望和信赖，激励着年青一代奋发向上。校园里带有教育引导、示范作用的标牌等，同样体现了"文以载道"的精神，蕴含着一定的道德追求和道德规范。学生与这些景观接触的过程，也是一个彼此"交流"与"对话"的过程。

每个学生都会根据自己的生活经验、文化背景和心理趋势，思考和把握景观中蕴含的各种文化信息，以自己的方式解读与认同各种景观所传递的教育内涵。代表学校精神的校训、校徽等要按照突出、统一的设计原则置于醒目处，时时让学生接触、体会；在图书馆、学术报告厅、教室等处，要悬挂安置文化名人、学术大师等对人类文明做出杰出贡献的人物画像或雕塑，道路两侧和景点处应精心安排一些敦品励学的名言警句。这样的校园环境，有利于激发学生向上、进取和创新的精神，形成优良品质。

（二）校园制度环境

俗语说："没有规矩，不成方圆。"高校作为一种微观的社会系统，其内部也存在各种规章制度、行为准则和组织结构。引导学生进行自我教育的制度环境主要是指以德育制度为主的有关各项规范体系，如学生守则、考试制度、生活管理制度、日常行为规范等。这些制度和规范对大学生思想品德教育具有引导性、规范性和渗透性功能，用这些制度和规范对大学生的道德行为和价值标准进行导向、调控、约束，使校园内的学生群体在同一规范内活动，进行自我管理和自我控制，有利于形成良好的大学生活秩序。

我们常常把制度是否合乎道德以及合乎道德的程度称作制度德性，把个人行为是否符合道德以及合乎道德的程度称作个人德性。制度德性往往比个人德性更具普遍性。道德知识的传授往往不如一个有缺陷的制度所造成的负面影响。比如，大学生非常关注奖学金评定、推优、入党、学生干部选拔程序等，如果制度本身缺少公正性，势必对大学生造成极大伤害，维护制度的公正与正义的重要性就在于此。只有建立公平、公正、规范合理的学校制度，才能使大学生自觉自愿地按照规章制度去学习、生活，才能使自己的思想、道德、行为在学校的养成教育中趋于规范化，也才能为大学生进行有效的自我教育创造一个良好的制度环境。

当前，高校在制度环境建设上存在的主要问题有：一是制度本身不科学、不完善，有些制度在实际操作上有困难，需要加以改进和完善；二是随着时间的推移，一些制度表现出局限性，需要对那些不合时代要求的内容进行调整；三是随着社会的进步和教育的发展，高校出现了一些新情况、新问题，需要建立新的制度对这些新情况、新问题进行规范和管理；四是在规章制度的执行过程中，还存在人为因素的影响，随意性和不民主性依然存在。这些都有损学校规章制度的权威性和公平性。我们不能指望一夜之间消除这些制度缺陷，但我们能通过科学途径逐步完善它们。我们可以对不符合实际的制度规范及时进行调整，可以增加制度执行过程中的公开性和透明度，甚至可以吸纳学生参与制度的设计等。

（三）校园文化环境

校园文化是以校园内生活成员为主体，以课外文化活动为主要内容，以校园为主要空间，以校园精神为主要特征的一种群体文化。高校校园文化是大学的精神支撑和宝贵的精神财富，集中体现了全体教职工和学生的价值取向、道德规范和精神追求。高校校园文化深刻地影响着每个校园人的思想品德、行为规范和生

活方式，它对大学生思想品德的形成起着重要作用。学生置身于良好的校园文化环境中，经过耳濡目染、长期熏陶，就可以激励自我、陶冶情操、调节心境、愉悦身心，造就自己的个性，从而对自身进行教育。例如北大的自由、清华的务实潜移默化地影响着校园里的每一名学生。优秀的校园文化环境是学生进行思想品德自我引导、自我约束、自我陶冶和自我塑造的有效因素。

古人云："近朱者赤，近墨者黑"，"蓬生麻中，不扶而直"。优秀的校园文化环境，能使生活在其中的每一个校园人在不知不觉中受其熏陶和感染。社会心理学的相关研究结果表明：群体中多数人的价值观、行为规则、思想作风等，常会迫使每个个体原本存在的不同观点、行为作风等出现趋同现象。一般来说，学校倡导什么、宣传什么，师生的注意力就会集中到什么方面，就会自觉去遵守并支持校园文化所主导的东西，这种无形的引导往往比强迫的命令、硬性的规定更有效。因此，学校的校风在引导学生进行自我教育中的作用是不可替代的。校风是一所学校经过一定时期积淀、整合形成的比较稳定的教育观念、价值取向、思维方式和群体规范的内在精神及特定的文化品格，它是一种隐性的学校人文精神。优良的校风可以增强大学生道德上的约束力、精神上的鼓舞力、生活上的凝聚力和学习上的内动力。优良的校风并非一朝一夕就能形成，它必须靠几代人的艰辛努力。教师的师德是形成优良校风的关键，身教重于言教，育人要先育己，教师高尚的道德情操、奋发向上的精神追求以及严谨的治学态度，对大学生具有无形的感召力和不可替代的影响作用。高校教师要善于做育人的"人师"，要以自己良好的思想和道德风范去影响和教育大学生。

（四）校园人际环境

人际关系就是人与人之间相互影响所形成的关系。高校校园人际环境是以人缘关系为主体形成的校园环境，主要由大学生们通过各项活动如学习、文体、社交、科研、社会实践等，相互影响而形成的师生之间、同学之间的关系。校园人际环境是大学生生活、成长的现实存在圈，是大学生直接参与并接受影响的环境，它对大学生思想品德的形成、大学生思想品德的自我教育具有极其重要的影响作用。

教师与学生是形成校园人际环境的两个基本因素，师生关系是校园人际关系的核心，是建设现代校园人际环境的决定因素。良好的师生关系能最大限度地调动学生自我教育的积极性。良好师生关系的主要标志是尊师爱生，教学相长。由于青年学生具有强烈的"向师性"，所以教师要以身作则、为人师表，要用严谨治学的态度和强大的人格力量影响学生、感染学生，激起他们奋发向上的动力和欲望。据调查，学生最喜欢的是交流型教师，其次是事业型教师。他们希望教师是最可亲近、最可信任，与自己平等又高于自己的朋友，是德才兼备、有全面素养、精于事业而又有特色的通才，是性格开朗、胸怀广阔、多才多艺、富于个性的长辈。教师要理解并尽力满足学生这些心理需要，努力构建民主、平等、和谐、融洽的现代新型师生关系。

同学关系是高校人际关系的主体。同学之间的人际关系根据是否按正式文件规定而建立起来，可以分为正式团体和非正式团体的人际关系。正式团体的人际关系是由正式文件规定而建立的团体人际关系，如学生会、党组织等；非正式团体的人际关系是指无正式文件规定的团体人际关系，如“英语角”“科协”等。据社会研究发现，人的社会化过程，个人规范和价值观念的形成过程，只有在接触性群体中，在实际存在的人们中间，才会最有效地实现。而校园环境是一个开放的环境，大学生置身其中，是一个思想相互激发、灵感相互启发、相互感染影响的互动过程。正如英国作家萧伯纳作出的一个经典比喻：你是我朋友，倘若你有一种思想，我有一种思想，而朋友间相互交流思想，那么我们每个人享有两种思想了。在一个相对封闭的校园里，大学生的自我认知、情感经验主要来自同龄人的交往。例如，寝室中的“卧谈会”是大学生每天交流思想感情、调节心理、放松身心的时光。因此，同学之间的人际环境对大学生的影响更深刻、更广泛，这种同学之间的“平行影响”也是引导大学生自我教育的有效途径。

第七章　我国高校德育中的心理健康教育研究

德育是我国高等教育的重要组成部分，为我国培养社会主义现代化建设事业的接班人奠定了思想道德基础。近年来，各高校根据实际需要对德育工作进行了许多改革与创新，将心理健康教育纳入德育工作的范畴，这使德育工作的内涵与领域得到较大拓展，增强了德育工作的针对性、科学性和可接受性，同时使高校大学生心理健康教育融入了德育的功能。一些研究所认为心理健康教育具有育心、育德、育人的功能，但是，如从高校德育的角度出发来研究心理健康教育，则更应该重视其育德、育人的功能。

第一节　心理健康教育在高校德育工作中的引入及应用分析

一、我国高校德育工作发展状况及存在问题分析

（一）改革开放以来我国高校德育的发展

在党的十一届三中全会精神的指引下，高校德育开始转移到为社会主义现代化建设培养合格人才的轨道上来，并根据新时期大学生的特点和改革开放的需要，对教育内容和教育方法进行了一系列改革。强调坚持四项基本原则，主张以实事求是、说服教育的方法，以爱国主义、共产主义教育内容为根本。

随着社会主义市场经济体制在我国的进一步发展和完善，中国特色社会主义理论体系在全党指导地位的确立以及一系列关于大学德育工作的文件和指示的颁布，高校逐渐形成了以“马克思主义理论教育”和“共产主义思想品德课”为中心的德育内容，同时一些社会实践活动和心理健康教育活动也开展起来。目前，我国高校德育已进入了一个新的发展阶段。传统的高校德育发挥了许多重要功能，而且，现阶段许多探索亦取得了较好的成果，如形成了理论课与实践课相结合、体系教学与专题教学相结合、在专业课程中进行渗透等新的德育模式；同时对德育课程的设置及教学内容、方法也进行了相应的改革。

（二）改革开放以来我国高校德育发展存在的问题及成因分析

随着我国社会转型、体制转轨、各种结构的深入调整，以及社会经济和科学技术的发展，人们的思想观念也在发生各种明显变化，社会生活的各个领域均遭受了严重冲击，高校德育的环境及对象也因此发生了剧烈变化，而传统的德育并没有及时地跟上这些变化，出现一些问题。

1. 德育的针对性和实效性不强

随着我国改革开放的逐步深入，网络文化的全面普及，社会文化多元化的趋势日渐明显，大学生思想观念、价值取向也趋于多元化，各种新情况、新问题层出不穷。而一些教育者由于思想观念落后和僵化，对“以学生为本”的思想认识不全面，理解不深刻，落实不到位；对大学生所关心的重点、热点问题不能及时、准确地回答，从而导致学生抵触情绪越来越强烈，以至于德育工作的针对性和实效性不强，许多问题得不到及时解决，抑或收效甚微。

2. 德育目标偏重一致性而缺乏多样性

高校德育通常是用统一的标准去要求每个学生，这样做虽然保证了多数学生能平等地接受教育，但却忽视了学生的个体差异性，从而忽略了个性开发，导致大学生自主创新能力低下。由于只重视德育高层次的导向性和超前性，不重视德育低层次的实践性和现实性，造成学生只能将品德教育停留在理论认识的层面，而难以转化为科学的、能为学生所接受的思想道德观念，导致学生道德滑坡现象严重。

3. 德育内容陈旧、方法欠科学性

德育的内容呈现出稳定有余、更新不足的特点，对新时期学生需要、兴趣和身心发展所反映的要求熟视无睹，尤其是对当前各种社会现实问题及相关理论问题的探讨很少涉及。这就导致学生对高校德育所提倡的思想道德观念缺乏认同感，甚至不感兴趣，从而难以做到普遍接受和自觉内化。而在教育方法上，那种只强调教育者的主体地位而使学生处于被动状态，以简单的说教、生硬的灌输居高临下地把一些伦理道德规范强加给学生的方法，因师生之间缺乏互动和交流、教师对学生缺乏应有的尊重和人文关怀，导致德育活动无法深入被教育者的内心世界。

4. 德育功能重政治轻文化、重外在轻内化

长期以来，人们习惯于强调德育的社会功能，在德育实践中，也存在忽视个体功能发挥的倾向。许多高校在德育过程中，强调的是维护稳定、完成任务或解决已存在问题，对德育如何重视人的主体性要求、满足个体精神需要、促进人的自身发展重视不够。由此显现出德育的“功利化倾向”，即强调其政治功能而轻视文化功能，强调其外在价值（社会公众价值）而忽视其内在价值（育人价值）。

这样就忽视了德育长期的本质的功效，造成了德育的边缘化，大学特有的道德理想、人文素养逐渐为实用主义、功利主义所取代。

5. 心理健康教育实践环节严重缺乏

高校对大学生进行思想品德、人生观、价值观等方面的教育缺乏科学、系统的安排，没有全方位地考虑培养学生的综合素质；对学生的心理健康问题亦很漠视，没有从心理学的角度培养学生的良好心理素质、社会适应能力和抗挫折能力，也没有开展相关心理健康教育实践。由于缺乏实践经验，大学生心理应变能力、适应环境能力较差，处理问题时也较理想化、简单化，一旦问题处理不好，就会滋生各种思想问题和心理问题，长期积累，必然导致恶性事件的发生。

二、新时期心理健康教育在高校德育工作中的引入

20 世纪 80 年代中期，心理健康教育在我国高校中开始兴起。1984—1989 年间，一些留学人员归国后，在个别高校开展心理咨询活动。截至 1986 年，全国已有 30 多所高校建立了心理咨询中心。20 世纪 80 年代以后，一些高校开始着力开展大学生心理健康教育。20 世纪 90 年代以后，心理健康教育得到政府的高度重视，并通过一系列文件得到贯彻、落实，如《中国教育改革和发展纲要》《关于深化教育改革，全面推进素质教育的决议》等。之后，各省市相继成立了大学生心理咨询、心理健康教育专业委员会，到 1998 年，全国 70% 高校开展了大学生心理健康教育工作。进入 21 世纪，越来越多的高校在落实此项工作，并成立了不同形式的心理咨询机构，组建了心理健康教育教师队伍，一些学校还利用校园网络进行网上心理辅导。2005 年 9 月 28 日，教育部成立了全国普通高等学校学生心理健康教育专家指导委员会，对高校学生心理健康教育著作进行研究、咨询、评价和指导，这对高校心理健康教育工作起到了巨大的推动作用。2017 年 6 月，教育部印发了《普通高等学校健康教育指导纲要》，提出高校健康教育内容主要包括健康生活方式、疾病预防、心理健康、性与生殖健康、安全应急与避险五个方面。2018 年 7 月，中共教育部党组织印发《高等学校学生心理健康教育指导纲要》。当前，各高校还积极将心理健康教育融入德育工作中，使心理健康教育成为德育工作不可或缺的一部分。

现阶段，我国高校心理健康教育实践主要呈现三个特点。一是学校领导高度重视，有专门的分管领导负责此项工作，师生对于心理健康教育的认同感逐渐提高；二是心理健康教育的内容不断丰富，教育方法和途径不断更新；三是对大学生心理健康教育的研究不断拓展，并取得了一些成效。但是，总体来看，我国高校心理健康教育的现状还不太理想，一些学生自杀事件折射出高校心理健康教育工作的弱势及一些不容忽视的问题。

第一，认识上的偏差问题。一些个人、团体在心理健康教育上还存在着错误认识，把心理问题等同于思想问题、道德问题，如有人把某大学生伤熊事件归咎于对学生思想品德教育不力，但事实上，该大学生在中学、大学期间的道德行为很好，品学兼优；有的则忽视心理健康教育在其他学科中的渗透作用，将心理健康教育与其他学科教育独立开来；有的则只侧重对学生心理问题的矫正，而忽视了对心理健康知识的普及。

第二，专业队伍、师资队伍建设不力。许多高校为了应付各种评估，将班主任、辅导员、心理学课教师统归到心理健康教育师资队伍中，队伍看似庞大了，但实际能胜任此项工作的人并不多。这些非专业人员在教学和辅导方法上通常不得要领，工作效果事倍功半。

第三，心理咨询工作常常处于被动状态。许多高校都建立了心理咨询室，但咨询人员在工作中缺乏主动性，常常是坐等学生前来咨询。而对前来咨询的学生，咨询人员又缺乏专业技术与实际举措的支撑，导致门可罗雀，最终流于形式，咨询室形同虚设。

第四，心理健康教育形式单一、内容缺乏系统性。在开展心理健康教育教学活动中，多数高校采取传统的“填鸭式”教学，教学方式单一，缺乏多样化、互动性，学生学习的积极性不高；而沙盘练习也只是针对教育学专业的学生开展，其他同学不能亲自操作及实践，学生参与的积极性不高。同时，教学内容也侧重心理障碍的矫正及相关知识的传播，忽视对大学生心理潜能的开发及心理品质的优化。

第五，心理健康教育学科建设力度不够。从理论角度看，我国心理健康教育理论研究目前还停留在介绍、借鉴国外相关理论的水平上，尚未建立起根植于中国本土的心理健康教育理论体系。从实践角度看，我国心理健康教育尚处于萌芽阶段，与其他成熟学科相比，心理健康教育课程很难成为重点学科课程。

三、当前大学生存在的主要心理问题

随着经济体制转轨和社会转型的不断深入，当前传统与现代并存、新旧事物交锋、东西方文化相互碰撞的情况比较明显。所有这些都对当代大学生的生活方式、思维方式、行为模式、价值观念、伦理道德观念产生了巨大的冲击和影响，大学生承受的学习、生活、经济、人际关系、就业、素质发展等方面的压力越来越大。一些调查资料显示，超过 20% 的大学生存在不同程度的心理障碍。当前大学生存在的主要心理问题有以下几个方面。

（一）学业方面的问题

学业方面的问题主要表现为学习缺乏动力、目标不明确、学习成绩不理想、

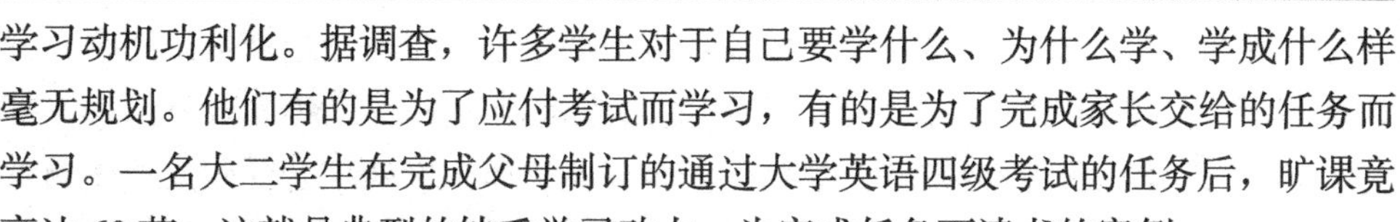

学习动机功利化。据调查，许多学生对于自己要学什么、为什么学、学成什么样毫无规划。他们有的是为了应付考试而学习，有的是为了完成家长交给的任务而学习。一名大二学生在完成父母制订的通过大学英语四级考试的任务后，旷课竟高达 60 节。这就是典型的缺乏学习动力、为完成任务而读书的案例。

（二）人际交往方面的问题

进入大学后，因离开原来熟悉的生活、学习、人际环境，许多大学生多少有些不适应。"十年寒窗"时，学生们的生活重心是学习；而进入大学后，许多学生面对新的师生关系、同学关系、异性关系，明显感到不适应。有些学生因缺乏交际能力，产生一种孤独感、寂寞感；有些学生以自我为中心，注重自我在人际交往中的主体地位，过多考虑自己的需要，忽视他人的需要与存在，导致人际交往出现障碍。

（三）情感引发的心理问题

大学生的情感较为丰富，但具有一定的不稳定性与内隐性，主要表现为情绪波动大、喜怒无常。他们常常因为一点小胜利而沾沾自喜，也会因为一点小挫折而一蹶不振。例如，一些在高中阶段成绩较好的学生，因进入大学后丧失了优势，从而产生失落感，缺乏自信；还有一些学生因家庭经济困难，在生活上、消费上产生自卑感、不满足感。实践证明，各种各样的不满情绪引发了高校各种事端，许多恶性事件的发生均因生活中的一些小摩擦所致。某高校曾发生一起体育系学生因意气用事而导致 20 余名学生住院、7 名学生被开除的恶性事件。另外，大学生正处于对异性情感渴望最为迫切的时期，一旦其情感需要得不到满足，一系列心理问题就会随之产生，如果这些心理问题得不到较好的解决，就会引发严重后果。

（四）就业引发的心理问题

由就业引发的心理问题在毕业班学生中体现得较为明显，主要表现为对就业充满恐惧感、困惑感和失落感。一些学生在择业过程中，由于没有做好心理准备，不能认清当前就业形势、对自我的定位及能力评价不够确切，在择业过程中盲目从众，导致就业心理落差大。还有的学生对择业期望值过高，导致就业"高不成，低不就"。当理想与现实差异较大时，因心理准备不足，导致大学生患有偏执、幻想、自卑等心理问题，严重者还可能出现择业行为的偏差。

（五）网络综合征

网络综合征是由于沉迷网络而引发的各种生理、心理障碍的总称，是一种伴随互联网的发展而滋生的疾病，它严重地危害着大学生的身心健康。网络综合征具体表现为：一旦离开网络，就会萎靡不振；而一上网，就会精神极度亢奋，并乐此不疲，不能自制。更有甚者，利用网络来逃避现实，并常常出现焦虑、抑郁、人际关系淡漠、情绪波动、烦躁不安等症状。患上网络综合征的大学生通常长时间游荡在虚拟的网络世界中，对现实生活感到乏味，甚至出现自闭倾向。曾经有一名大学生因玩网络游戏长期旷课而被学校开除，而后通过复读重新考入大学。入学后的第一学年表现良好，但几乎不与同学接触，偶尔上网，据他本人介绍，当时基本还能控制自己的上网行为。但从第二学年开始，他已经完全控制不住自己，“网瘾”越来越大，无法自拔，甚至整个学期不上课，连吃住都在网吧里，并且陷入极度自闭状态。经过学校、家长多方努力，却收效甚微，最后不得不再次退学。这种情况在许多高校都存在，已经成为高校学生心理健康教育工作亟须关注的一个重要问题。

四、心理健康教育在高校德育中的应用分析

心理咨询、心理辅导、心理治疗是学校心理健康教育实践和理论研究中经常出现的概念，在高校德育工作中发挥不同的作用。

（一）心理咨询

心理咨询是指运用心理学的理论和技术，借助语言、文字等媒介，与咨询对象建立一定的人际关系，进行信息交流，帮助咨询对象消除心理问题与障碍，增进心理健康，发挥自身潜能，有效地适应社会生活环境的过程。里斯曼认为：“咨询乃是通过人际关系而达到一种帮助过程、教育过程和成长过程。”在高校，心理咨询以遇到心理困惑或有强烈心理冲突与矛盾的正常学生为对象，通过一些常用的测试、疏泄、自由联想等手段和方法，以掌握学生的“内在冲突”“心理危机”“行为障碍”及人格特点，并分析学生人格中的积极因素与消极因素，是一种旨在改变求询者心理状态的教育活动。将心理咨询应用于高校德育工作中，可使高校德育工作更具有主动性、针对性，是促进大学生全面发展的需要。

（二）心理辅导

《学校心理辅导》一书中对辅导的定义是，在一种新型的建设性的人际关系中，学校辅导人员运用其专业知识和技能，给学生以符合其需要的协助与服务，帮助学生正确地了解自己、认识环境，根据自身条件确立有益于个人发展和社会进步的生活目标，使其克服成长中的障碍，在学习、工作及人际关系等各个方面，调整自己的行为，增强适应社会的能力，做出明智的选择，充分发挥自己的潜能。在高校德育工作中，运用团队心理辅导、同辈心理辅导，可提高其

实效性。

（三）心理治疗

心理治疗是指运用心理学的原则和技巧，通过语言、文字、表情、姿势、行为以及周围环境的作用，对对象进行启发、教育、劝告和暗示，提高其感受和认知，改善其情绪，以消除和缓解比较严重的心理问题和症状，促进其人格健康协调发展。在学校心理健康教育中，心理治疗没有心理咨询和心理辅导普遍，但由于心理健康知识的普及程度方面的原因，这个概念在学生心目中似乎比心理咨询、心理辅导占有更重要的地位。

现在，心理咨询、心理辅导、心理治疗在教育系统内已呈现相互整合的趋势。在学校心理健康教育活动中，这三个概念的使用往往有较大程度的交叉和重叠，已经很难从严格意义上区分心理咨询、心理辅导、心理治疗，只是出于具体的任务、内容、对象、方法、手段等不同的侧重点，才使用其中的某一个概念而已。

第二节　高校心理健康教育的德育功能

一、对高校心理健康教育德育功能的界定

对高校心理健康教育所具有的德育功能，目前在国内有四种说法。

（1）德育途径论。德育途径论认为，心理健康教育是德育的一种途径。当前比较流行的表述为“心理健康教育是德育工作的新形势”“德育科学化的新途径”。

（2）德育延伸论。德育延伸论认为，心理健康教育是德育领域的延伸与拓展，是传统德育内容结构的进一步完善。这种观点足以表明人们对心理健康教育的重视程度。

（3）心理障碍矫正论。心理障碍矫正论认为，学校心理健康教育是要缓解和消除学生的心理障碍、心理冲突等心理问题。

（4）人格补救论。人格补救论认为，学校心理健康教育是对人格有缺陷学生的一种心理补救，使学生形成完善的人格。

二、高校心理健康教育的功能

（一）高校心理健康教育的基本功能——育心

高校心理健康教育作为一种制度化的育人活动，具有一定的主动性。一方面，在学生的心理问题还未产生或暴露之前，通过心理健康教育进行积极干预，可以预防心理问题的产生；另一方面，高校通过开展心理健康教育，可以提高学

生的心理健康水平，促进学生心理品质的优化与人格的和谐发展，即“育心”。由于人的心理健康状态会呈现不同的层次，高校心理健康教育的基本功能也会呈现出不同的层次。

1. 缓解学生心理障碍，预防心理疾病

在大学生活中，不同原因会导致大学生心理产生不同的不良反应和适应障碍。主要是指个人有不自在感或自卑感，或因为人际关系处理不好而感到懊丧，或者对生活的兴趣减退、缺乏活动愿望而丧失活动能力，包括失望、悲叹、与抑郁相联系的其他感知及躯体方面的问题。抑郁苦闷的感情和心境是其中代表性症状。抑郁因子包括死亡、自杀等项目。精神病性因子主要包括幻听、思维被播散、被控制感、思维被插入等反映精神分裂症状的项目。如果这些症状得不到有效缓解，就会趋于严重化。近年来，大学生由于心理障碍而休学、退学的比例有上升趋势。

因此，心理健康教育首先需要关注的就是上述心理问题。许多高校通常的做法是传授心理健康知识、普及心理卫生知识，使学生树立心理健康意识，尽早发现自己或同学可能出现的心理问题。并且通过健全心理健康教育机构，开展一系列心理咨询、心理辅导活动，使大学生中出现的这些问题得到迅速缓解乃至消除。

2. 优化学生心理品质，提升心理调适能力

一般而言，学校开展的心理健康教育都是在大多数学生心理比较健康的基础上进行的。但是，现实的情况是许多大学生的心理健康水平是相对不高的。因此，优化学生的心理品质，提高其心理健康水平，提升其心理调适能力，是高校心理健康教育的重要目标之一。

大多数大学生渴望在大学期间提高社会交往能力、挫折承受能力，以应对现代社会的激烈竞争。特别是当代大学生多为独生子女，家庭条件相对优越，进入大学前人际关系相对简单，进入大学后，在学习、生活、人际交往中难免会遇到各种困难，这会成为影响其心理健康水平的重要因素。据黄希庭、郑涌等学者的调查显示，人际关系问题居大学生最常见的五大问题之首，而大学生的恋爱问题、情绪问题、学习问题也相当严重。有学者曾对一些到学校心理咨询室的学生进行 SDS（抑郁自评量表）、SAS（焦虑自评量表）及 16PF（卡氏十六种人格因素测验）问卷调查，发现大一新生来咨询的主要原因是刚从高中生活进入大学生活，心理落差较大，会产生诸如焦虑、抑郁、失眠等心理问题；而高年级大学生主要是因为面临就业和考研的压力，导致焦虑、失眠。大学生人际交往能力、承受挫折能力的欠缺，是其心理素质不高的重要表现。目前，心理学界已经研究出一系列培养挫折承受力的方法，如艾利斯的合理情绪疗法就十分有效。

3. 提高学生潜能开发力，促进人格完善

严格地说，无心理疾病、具有一定的调节能力，只是心理健康的一般要求，与心理学界所界定的健全人格还有不小的差距。概括而言，人的潜能充分发挥、人格的健全发展，才是健全人格的真实内涵。培育健全人格的人，正是高校心理健康教育的最高目的。

在高校，开发学生的潜能是心理健康教育的重中之重，主要包括开发学生的学习能力和创新意识，即帮助学生学会学习，树立终身学习的观念，同时培养学生的创新意识，以达到优化其智力品质、完善其性格特质的目的。由于每个学生均有其个性特征，心理健康教育又要针对大学生的个性差异，在学生的需要、动机、兴趣、信念、价值观等方面进行正确引导，从而全面地促进学生健全人格的形成和发展。

（二）心理健康教育的第二功能（派生功能）——育德

心理学界公认心理健康教育除了具有“育心”的基本功能外，对学生的道德品质、审美能力等综合素质的提高亦具有促进作用，是高校德育的有效补充。许多研究者均着重强调了心理健康教育的“育德”功能，也有学者将之称为“派生功能”，认为它为学校对学生实施德育提供了一个“接受基”，并通过提升学生的自我教育能力、完善学生认知结构、强化德育动力系统体现出来。梁次红在《心理健康教育在高校德育中的地位与功能研究》中认为，在高校德育大前提下，心理健康教育具有“育德”的派生功能。

第一，在德育过程中可提升大学生自我教育能力，促进大学生完善其人格行为。良好道德品质的形成依赖于大学生在德育过程中的自我投入、积极参与和自我消化。当今社会复杂多变，影响学生道德品质发展的因素也是复杂多样的，德育的效果更加依赖于大学生对德育内容的自我内化。心理健康教育正是着眼于提高学生自我认知能力和自我教育能力，从而为良好道德品质的形成提供心理基础。当代大学生普遍具有较强的自尊心和独立意识，但因多种原因未能进行良好的生活技能训练和挫折训练，他们对家庭、对父母有依赖情结。在学习上，他们虽然不再满足于“60分万岁”，但对专业及其他文化知识的钻研和投入还相当不够。这种人格上的矛盾性，可以通过心理健康教育进行整合，及时予以导向和控制。通过心理健康教育有目的、有组织、有计划地对大学生的人格发展施加积极影响，提高他们完善道德人格的积极性、主动性、创造性，这样可促进其人格意识、人格行为、需要层次的优化。

第二，帮助学生进行德育内容的取舍及内化，完善大学生认知结构。大学生与中小学生的不同之处就在于，他们对信息摄取的自主性更大、选择性更明显。皮亚杰在《发生认识论原理》中指出：认识的获得必须用一个结构主义和建构主义紧密联结起来的理论来说明，也就是说，每一个结构都是心理发生的结果，而心理发生就是从一个较初级的结构过渡到一个比较复杂的结构。从理论上说，思想品德的形成是在学生已有认知图式的基础上不断优化认知结构的过程。认知图式是认知主体在长期的实践活动中，逐渐构建而成的、具有相对稳定性的意识因素的总和。在德育活动中，学生正是以自己内在的认知图式为依据，进行德育内容的取舍及内化。心理健康教育能帮助学生完善其认知图式，优化“初级结构”，为大学生思想品德的进一步发展打好心理基础。

第三，引导学生正确认识情感，发展更高层次的需要，强化德育动力系统。有研究认为，大学生对德育内容及相关信息的接受是在一定的情感需要驱动下进行的。因此，需要和情感就构成了大学生思想品德形成、发展过程中的动力系统。根据马斯洛的需要层次论可知，大学生的需要是多方面、多层次的，且处于不断的变化中。心理健康教育的一个重要职能就是指导学生认清和校正自己的需要，并引导他们发展更高层次的需要。教会学生正确认识自己的情感和情绪，学会调整情绪，保持积极的情绪，更是心理健康教育的日常性工作。因此，行之有效的心理健康教育，可促使大学生以明确的目的、饱满的热情投入到高校德育活动中，从而为德育工作取得实效提供心理条件。

（三）心理健康教育的辅助功能——育人

1. 促进大学生思想与心理的双重健康

高校心理健康教育的目的，是使大学生掌握心理健康基本知识，引导学生在维护心理健康的同时，致力于开发自己的潜能，在学习、生活及未来的职业生涯中不断健全自己的人格，培养良好的认知、情感、意志等心理素质，使自己走向成功。由此可以很直观地看出，心理健康教育与德育在目标上具有一致性，即塑造大学生健全人格，使之早日成才；在内容上都以理想、信念、品德、意志为主。两者相互配合，则能促进大学生思想与心理的双重健康。

2. 提升大学生的社会适应能力

社会适应能力是大学生在大学校园生活环境中为达到与所处环境的和谐状态而必须具备的一种综合能力。大学生社会适应能力的强弱，反映出大学生的社会化状况。而大学生的社会适应能力中的几项指标，如学习适应能力、工作适应能力和社会交往适应能力等，都与心理健康教育密切相关。大学生因求知欲和探索欲强烈、要求独立自主的意识与日俱增，因而，遇事喜欢独立思考和判断，不愿盲从别人的意见。同时又因易冲动，情绪反应比较强烈，当其处事顺利时，往往表现得眉飞色舞、趾高气扬，而一旦遇到挫折，又容易一蹶不振，情绪低落。心理健康教育应针对这一现象有的放矢地开展相关活动，进行心理咨询、团队辅导及职业规划等教育，并结合第二课堂活动，借助社会实践平台，以提高学生的组

织管理能力、心理承受能力、人际交往能力和应变能力等，促进学生积极主动地去适应环境、适应社会。

3. 增强大学生的抗挫折能力

挫折是指个体在实现行为目标的过程中遇到障碍致使行动受阻，目标不能实现。挫折对人产生的影响是巨大的。从消极方面看，它能给人造成一种沉重的心理压力和精神负担，使人产生心理上的痛苦、紧张、焦虑，降低行为的积极性。现实生活中，因挫折而致人郁郁寡欢、心理障碍或疾病的事例极为常见，有人还因此而产生悲观厌世情绪，最终酿成悲剧。对于来自外界的挫折，每个人的抵抗力不同。心理学上把受挫折后免于行为失常的能力称为“挫折耐力”或“挫折的容忍力”，实际上，就是我们平常所说的抵抗挫折的能力。

在高校教育中，一方面要教育大学生树立正确的世界观、人生观、价值观，正确对待挫折，掌握一些应对挫折的办法；另一方面，通过心理健康教育来进行辅助。大学生在遇到困难、经受挫折时，通过现场或网络心理咨询，可以使他们正确认识自我及社会，充分发挥自身潜能，有效适应各种环境，从而增强抗挫折能力。

第三节　实现高校心理健康教育功能的对策措施

一、加大对当前高校心理健康教育的德育功能整合力度

高校心理健康教育并不是一种孤立的教育，而是与德育有密切联系的教育，是高校德育的一个独特子系统，没有心理健康教育的德育是不完整的德育。因此，客观地认识心理健康教育的功能时，既要研究心理健康教育自身的功能，更要研究心理健康教育与学校教育整体特别是德育的功能整合，以保证心理健康教育与学校教育整体功能效益的提高。

（一）立足于心理

教育部在《普通高等学校健康教育指导纲要》中明确强调，高校健康教育中心理健康教育的目标是：树立自觉维护心理健康的意识，掌握正确应对学业、人际关系等方面的不良情绪和心理压力必需的相关技能，提高心理适应能力。“育心”作为心理健康教育的基本功能，体现出心理健康教育首先要立足于心理，只有这样，才能保证其任务得以高效完成。

（二）面向于德育

高校教育的目的是要为我国社会主义建设事业培养合格人才，而心理健康教

育的育心功能，并不能直接导致学校教育的整体“育人”功效。把心理健康教育的“育心”与“育德”功能相结合，方能达到“育人”的目的。因此，高校心理健康教育必须面向德育，即以德育目标为导向，通过“育心”为“育德”夯实基础。具体而言，就是要以马克思主义科学世界观为指导，在教育实践中坚持正面引导，用正确的人生观、价值观来引导学生，以科学发展观、习近平新时代中国特色社会主义思想为指导，培养大学生积极进取、乐观向上的精神，为他们接受思想道德教育创造健康的心理条件。

由于心理健康教育一般不涉及意识形态问题，一些人对心理健康教育是否要进行正面引导提出异议，甚至有人对在高校开展心理健康教育提出反对意见。一些心理学研究者认为心理领域是一个独立的、纯粹的自然领域，应将心理健康教育与德育分开进行，各司其职，互不干涉。高校心理健康教育不仅具有严肃的科学性，更应具有鲜明的思想性。人是有思想的人，同时也是社会的人，因此不可避免地受到各种影响，具有自己的价值取向和政治倾向。有中国特色的高校心理健康教育只有立足于心理，面向德育，才能达到科学性与思想性的真正统一，以保证其基本功能的充分实现，提高学校教育整体功能的效益。

二、结合各校德育工作实际大力开展心理咨询活动

（一）心理咨询与德育的关系分析

心理咨询和高校德育之间有不可分割的联系，二者相互渗透、相互作用，既有区别又有联系。纵观高校心理咨询与德育的现状，结合国内一些专家学者的理论思考，能够发现我国高校心理咨询与德育是一种既相互联系又相互区别的分工合作、互促互补的辩证关系。

心理咨询与高校德育之间有密切的联系，两者的联系具有以下特点。

第一，思想与心理的互通性。德育偏重思想问题，心理咨询则主要解决心理问题。现实中，思想问题和心理问题往往交织在一起，许多思想问题的背后潜伏着复杂的心理因素，追其根源其实是心理障碍所致。如果思想、行为问题得不到较好的处理同样会引起心理问题。因此，把心理问题和思想问题混为一谈或完全割裂开来，都是形而上学、不科学的。

第二，两者内容具有交叉性。高等学校的教育目标和学生特点决定了高校心理咨询的内容应以教育性、发展性咨询为核心，目标任务是帮助大学生正确认识自己和社会，学会心理调适，培养健康的情感、情绪，促进其人格协调发展，建立良好的人际关系，预防心理障碍、心理疾病等。高校德育不仅要提高学生的道德品质，还要培养学生良好的心理素质，这些内容也是心理咨询所涉及的。

第三，工作对象的一致性。高校心理咨询和德育工作的对象都是有知识、有文化、有思想感情、有独立人格的大学生，其服务对象也是大学生。一方面，心理咨询可以有效地调整各种心理不适和心理危机；另一方面，学生产生的心理波动和消极情绪，不仅有内在的心理原因，也有各种社会因素的影响，德育工作有助于学生提高“社会理性思维”能力，消除片面的错误认识，解决学生的实际困难，使心理问题得到缓和或解决。

第四，原则和方法具有相似性。心理咨询和高校德育工作面对的都是自尊心较强的成年人，因此，必须遵循某些原则，如疏导性原则、交友性原则、启发性原则、情理相融性原则、一般与特殊相结合原则等。心理咨询与德育在过程上都有信息收集、信息分析、信息决策、信息反馈与调节等环节，在具体方法上，都强调要有共情、积极关注、真诚可信、追求科学性等。

第五，工作队伍的互补性。心理咨询一般是依托学生处（学工部）或团委而建立的，其中的咨询人员兼具德育工作者的身份。随着心理咨询的发展，目前一部分专业的心理工作者和医务工作者已补充到高校心理咨询队伍中。

第六，终极目标具有一致性。虽然心理咨询和高校德育在基本目标和具体目标上有一定的差异，但在终极目标上，二者有很多相同之处。心理咨询的终极目标是培养大学生健康的心理素质，开发他们的潜能，实现人格的完善。高校德育的任务是培养大学生正确的理想信念和高尚的品质，使其成为社会主义事业的建设者和接班人，其终极目标是促进人的全面发展。两者实施的都是人格的塑造工程。

（二）心理咨询与德育的有机结合

基于以上分析，鉴于心理咨询与德育既分工合作又互促互补的辩证关系，在德育工作中开展心理咨询工作，有助于大学生解决他们在学习、社会等方面出现的心理问题，使他们更好地适应环境，保持健康的心理状态。

当社会各种矛盾呈现在现实面前时，对社会抱有理想化态度的、富有激情的大学生难免会产生各种思想波动，并形成一些不健康认识，并由此而产生各种各样的心理问题。心理咨询有助于大学生对维护和增进心理健康的意义有足够的认识，有助于纠正各种片面的思想认识，消除他们的心理困惑。由于诸多原因，部分大学生存在较强的压抑感、无助感、失落感，这些负面情绪，仅仅依靠德育工作的相关手段或措施，是无法解决的。而心理咨询恰恰解决了德育工作的这一难题。它可以帮助学生在面对挫折时，学会调动自身的心理防御机制，缓解焦虑情绪，积极进行心理自我保护，从而保持生理、心理的相对稳定和平衡。

三、在高校德育工作中全面实施心理辅导

（一）心理辅导的类别

1. 个人心理辅导

个人心理辅导是根据不同个体心理发展的特点和规律，通过各种心理辅导活动，有目的、有计划地培养、训练、矫正个性上和行为上的障碍，提高个人的心理素质，维护个人的心理健康，达到健全和完善人格品质的心理辅导形式。

在我国心理咨询和心理治疗体系、机制尚不完善，高校心理卫生教育需要进一步深入的情况下，辅导员便成为对学生进行心理疏导和传播心理卫生知识的主要工作者。辅导员与学生联系最密切，最容易成为学生的朋友，是担任高校心理辅导员的最佳角色。各高校应加强对辅导员进行心理健康教育相关知识及技能的培训，使之在深入实际、了解和关注大学生的心理问题后，能及时帮助其解决学习、生活、情绪、人际关系方面的诸多问题，从而优化大学生的心理素质，提高其心理健康水平。

2. 团队心理辅导

团体心理辅导是在团体情景下为学生提供心理帮助与指导的一种辅助形式。它是通过团体内人际关系的交互作用，促使个体在交往中通过观察、学习、体验等活动，认识自我、探讨自我、接纳自我、改变自我态度和行为方式，从而调整和改善与他人的关系，学习新的态度和行为方式，以发展良好的生活适应能力的助人过程。在高校，经常性地开展团队辅导是德育工作的一个重要环节。这样可以通过团体来指导个人，通过团体活动协助学生发展个人潜能，解决学业压力、人际交往、师生关系等方面的问题，满足学生的心理需求。这是帮助那些有共同成长困扰的学生解决问题的一种经济而有效的方法。

团队辅导是高校德育过程中进行集体主义教育的一种有效形式。在团队训练中，许多项目均要求参与者互相信任、互相支持、敞开心扉、集思广益。每一个成员都可以以他人为镜，反省自己，深化认识，同时也成为他人的支持力量。这些活动中一方面加强学生的感恩意识、责任意识；另一方面，可以加强学生的团队意识、合作意识，促进高凝聚力的大学班集体的形成。

3. 朋辈心理辅导

朋辈心理辅导也称同辈心理辅导，是一种特殊的心理健康教育形式，是以不同形式带来更有效的效果，是一种积极的人际互动过程。前面章节已有提及，在此不再赘述。

（二）心理辅导在高校德育中的意义分析

首先，心理辅导是高校德育工作的一个有益补充，能为培养健全人格和良好

个性品质的社会主义现代化建设事业接班人提供积极的心理保证。

其次，在德育过程中重视心理辅导，体现了“以学生为本”的教育理念。一切以学生为本，是高校德育工作的基本立足点和出发点，而心理辅导正体现了这一教育理念。心理辅导有助于大学生多元地选择良好的教育方式，有助于大学生丰富内在需要、提高内在素质，有助于调动大学生的主观能动性，使德育工作效果更深入、更扎实。

再次，心理辅导拓宽了高校德育的研究领域。在高校开展心理辅导，可以将大学生学习能力的培养、知识结构的完善、社会适应能力的提高、人际关系的协调、择业期望值的定位、内在能力的合理挖掘、爱情观的适度把握、各种观念意识的更新、事业的开拓等内容广泛纳入辅导范围，以促进学生德、智、体、美、劳的全面发展。这正是高校校园文化建设的主要内容，也由此拓宽了学校德育研究的领域。

最后，心理辅导可以优化高校德育工作的方法。在当代大学生中，传统的以灌输、说教为主要形式的德育工作方法早已不为他们所接受，他们期望在德育工作中与他们建立的人际关系是朋友、家人般友好、平等的关系，而非教育者与被教育者、上级与下级、说教与被说教的关系。心理辅导中以“倾听”“互动”“谈心”“换位”“疏泄”等为主要交流方式的方法，是最为学生喜欢和接受的方法，将之应用于德育工作中，可以使心理辅导的方法更丰富、效果更明显。

四、提高高校实施心理治疗的能力

心理治疗能通过启发、教育、劝告和暗示，提高学生的感受和认知能力，改善学生情绪，消除和缓解比较严重的心理问题和症状，促进学生人格健康协调发展。因此，心理治疗通常有两个作用：一是影响患者躯体的病理过程，促使疾病向痊愈的方向发展；二是促使患者能够较好地调节从外部世界传递的信息，使自己与环境保持和谐一致的关系。这无疑是对德育工作顺利开展的有力支撑。

目前，许多高校均建立了心理咨询中心，对学生实施心理咨询和辅导。但咨询人员无论是从数量上还是质量上都不能满足心理健康教育发展的需要。随着学生健康意识的提高、心理咨询的需求增加，目前从事专业咨询的人员感到力不从心。要解决这一矛盾，首先在队伍中增加专职人员，并进行系统的心理学基础知识、咨询技术的强化培训，以提高咨询工作者的业务能力；其次选拔优秀的心理学专业毕业且有丰富实践经验的研究生或心理医生充实到咨询队伍中。同时，在高校之间还可以采取资源共享政策，邀请有丰富资源的其他高校或医院的咨询师定期坐诊，以缓解因人力资源不足而引起的矛盾。

五、在心理健康教育的实践中加强师生情感交流

现代心理学认为，情感是人们对客观现实基于对自身和社会需要、利益的考虑而产生的一种特殊心理反应形式。马克思认为，人的本质是社会关系的总和。因此，人与人之间会有心理、行为方面的有目的的互动。大学校园作为一个小社会，学生与学生之间、教师与学生之间，均有一个互动的情感交流过程。心理健康教育也是教育者与大学生之间进行社会互动的契机，因此，情感交流尤显重要。

（一）情感交流的作用分析

首先，情感交流是开展心理健康教育工作的重要前提条件。只有实现师生之间真正进行过情感交流的、能被学生情感所接纳的心理健康教育，才能引起和激发大学生的兴趣。而兴趣作为主体积极认识、掌握客观事物的心理倾向，可以调动学生认知和行为的积极性，提高学习活动效率。

其次，情感交流是引起和促进大学生自愿认知、内化心理健康教育内容的动力源。认知理论认为，由于人的认知活动具有明显的选择性，人们通常只对已被认知、有感情的对象产生积极的心理反应，因此，师生之间融洽的情感在学生自愿认知心理健康教育内容并将其自觉内化的过程中起着积极的催化剂作用。

（二）进行情感交流的方法分析

第一，培养心理健康教育工作者的情感人格。在心理健康教育过程中，教育者需要处理的是人与人之间的关系，其目的在于关怀学生、提升学生的素质。这个过程是教育者通过情感人格影响人、感化人，使受教育者的情感发生变化，从而达到心理健康教育目的的过程。因此，教育者理智的、高尚的情感人格是强化受教育者对心理健康教育接受的基本因素。有研究者认为，现代心理健康教育工作者应该具备“情感的沟通性、丰富性、敏感性和开放性”等情感人格素质条件。

第二，重视受教育者的情感参与。在心理健康教育过程中，学生是有思想、有感情的活生生的主体，而不是教育者对之进行知识灌输的容器。在心理健康教育过程中，应遵循“以学生为本”的原则，发掘大学生的情感因素，促成大学生主体的情感参与。在心理健康教育实践中，教育者在对受教育者进行心理健康教育引导时，如果为学生提供必要的选择空间，设法引导学生去感受、去选择，强化学生的自主式认知态度，激发学生的积极情感，其效果远比强制性灌输好得多。

第三，强化情感接受的心理健康教育观念。这是构建情感性心理健康教育模式的灵魂和核心。高校对学生实施心理健康教育，其宗旨在于提升大学生心理健康教育的情感需要，并对大学生情感进行施教，做到入情入理，实现心理健康教育中情感与理性的完美结合。心理健康教育的接受并不是只让受教育者记住抽

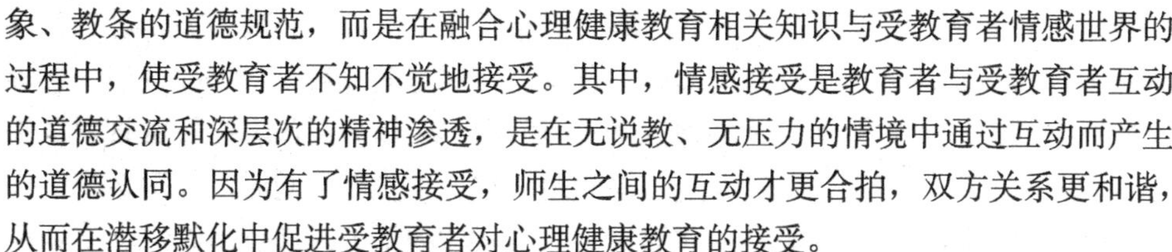

象、教条的道德规范，而是在融合心理健康教育相关知识与受教育者情感世界的过程中，使受教育者不知不觉地接受。其中，情感接受是教育者与受教育者互动的道德交流和深层次的精神渗透，是在无说教、无压力的情境中通过互动而产生的道德认同。因为有了情感接受，师生之间的互动才更合拍，双方关系更和谐，从而在潜移默化中促进受教育者对心理健康教育的接受。

第四，建构开放的心理健康教育环境。当前，社会道德状况不尽如人意，这对相对比较开放的大学教育有一定的负面影响。当高校心理健康教育还不能取得社会大环境完全改善的支持时，校园心理健康教育的微观环境建设就显得尤为重要。由于大学生对德育的情感接受不能与社会生活脱节，不能让他们因为认知的接受而忽视了情感的接受，更不能因为理论知识的学习而割断他们与自然、社会、生活的联系，以及由此而产生的各种情感，高校心理健康教育应采取措施，把大学生的生活空间融为一个统一、和谐的环境，在静态与动态、认知与情感的陶冶中使受教育者产生潜移默化的、“润物细无声”的影响。

（三）进行情感交流的基本原则

1. 平等原则

在心理健康教育过程中，教育者与受教育者之间的关系是平等的。实践证明，教育者居高临下式的、说教式的、强制性的教育方法已不适用。双方在朋友式的、家人般的关系氛围中所实施的心理健康教育，其整体效益将是最好的。

2. 双向原则

德育过程不是一个简单的由心理健康教育工作者向被教育者灌输各种道德、法治、政治观念的单向过程，而是双方情感互相反映的双向交流过程。大学生不仅是心理健康教育的对象，还应是内化各种心理健康教育主张的主体，他们不仅需要接受情感的唤醒，还需要情感的反馈与付出。相应地，心理健康教育工作者在工作中应注意调动学生的自我意识和主观能动性，使之与心理健康教育相融，以情感为突破口，支持和促使学生有目的地进行自我塑造。

3. 疏导原则

大学阶段是学生的自我意识趋于成熟但又未完全成熟的特殊阶段，客观上要求德育工作者在工作中坚持疏导原则，通过对学生情感的调控，实现对学生关于自身、关于自己与他人关系、关于物我关系的正确认识和评价。

六、高度重视，加大对师生的心理关怀力度

（一）全员参与、全面落实

高校要通过各种途径对所有教师和学生工作者开展心理健康教育，提高他们

的心理健康水平及综合素质。同时，心理健康教育不仅仅是心理咨询中心和各基层教育单位的责任，也应该是全体教职员工，特别是教师义不容辞的责任。教师在教学过程中，也应渗透一些心理健康教育的内容；学生工作者在日常管理工作中，也要积极发挥作用，促进学生心理健康，在日常管理的同时，基层教育工作者（辅导员、团总支书记等）应加强学生心理素质的培养。通过多渠道、多途径来增强学生对自我价值、自我能力及潜力的认识，这对于大学生树立良好的自我形象有较大帮助。

（二）全方位地开展心理健康教育

大学生心理健康教育是一项系统工程，它只有与高校各项教育相结合、相促进，才能实现心理健康教育的最终目标。在实践中，中南大学“五个结合”的教育模式、华中师范大学“思想教育工作与心理疏导工作有机结合”的模式、南京理工大学的“心理健康保健员制度”都取得了比较明显的成效。高校可从以下几个方面开展心理健康教育。

第一，将心理健康教育融入教学、管理、教师培训中。心理健康教育的手段和方法要有创新，内容要新颖；要围绕培养大学生良好的心理素质和健全人格实施教育；要努力拓宽心理健康教育工作的途径和方法；要针对不同群体心理健康的差异情况进行心理健康教育，使心理健康教育更有针对性。目前，各高校实施心理健康教育主要表现为开设心理学相关的一些必修课和选修课。除了在规定设置的课程中开展心理健康教育活动外，在其他学科的教学过程中渗透心理健康教育也是大有可为的。另外，学校可开设一些选修课，如《情商教育》《职业规划教育》《励志教育》等。在开设各类心理健康教育课的基础上，举办一些心理卫生知识和心理咨询、心理辅导常识讲座，以及一些心理健康知识竞赛；通过广播、报刊及校园宣传栏大力普及心理健康知识，这有助于大学生提高对心理卫生和心理健康的认识。目前，各高校通过开设各种心理健康教育课程，绝大多数学生对心理学相关知识有了一定的了解。但是，一些大学生对心理卫生有许多错误的看法和态度。有的学生在认识上有误区，认为自己心理很健康，不需要学习这方面的知识；有的学生有心理障碍不敢到咨询室，怕别人在背后说三道四；有的学生则认为心理问题是自己的问题，不需要别人帮助。由此可见，加大宣传力度，普及心理卫生知识，使大学生对学习心理卫生知识有正确的认识和态度是当务之急。同时，在教学培训、辅导员培训、职能部门培训、学生干部培训中，也要贯穿心理健康教育的相关内容，使每一个教学、教育工作者均具备一定的心理辅导能力。当然，也要加大对心理健康教育师资队伍的建设及科研支持力度。

第二，加大心理咨询室工作力度。现在各高校均设有专门的心理咨询机构，但人手紧缺，不利于全校心理咨询工作的正常开展。在大学新生入校时对他们进

行心理健康普查工作，一方面可为建立大学生心理健康档案打下基础，另一方面则是为了筛选、发现心理有障碍的学生，发现问题，防患于未然。多年的心理咨询实践告诉我们，应转变观念，不能只满足于坐等学生上门，解决个别学生的心理问题。这只是心理咨询的形式及任务之一。大多数大学生的心理是健康的，但并不是说他们在今后的成长过程中就不会遇到心理问题，在日后的工作和学习中，他们可能会遇到各种各样的困扰和烦恼，所以，心理咨询应在心理障碍咨询的基础上，面向所有学生加强发展性咨询，发挥学生的潜能，提高所有学生的心理健康水平。

第八章　高校心理健康教育的功能与价值

价值是客体满足主体需要或对主体有用有效的一种属性。心理健康教育如何开展下去，到了该反思和总结的时候，这不仅是现实问题，也是思想政治教育的深层次理论问题。心理健康教育的实践育人价值没有真正被论证清楚，其指导思想就不清晰，教育定位就不明确，实践也是盲目而功利的。

第一节　心理健康教育的价值研究概述

一、心理健康教育的价值研究现状

高校心理健康教育在历经多年的努力之后，在缓解学生心理压力、优化学生心理素质方面发挥了积极作用，但从教育实效性来看依然堪忧。在教育理念、教育内容、教育方式、教育队伍、教育质量等方面依然存在诸多问题，寻求进一步发展和提高是我国大学生心理健康教育在时代发展中不断获取自身价值和存在意义的必然选择。

目前，国内关于心理健康教育价值的研究主要集中于四个层面，一是社会层面。张耀灿从构建和谐社会的角度阐述了心理健康在构建和谐社会中的基础价值作用。纳玲则从精神文明建设的角度，指出开展大学生心理健康教育工作不仅是高等学校的主要任务，而且是高校精神文明建设的一个重要方面。二是教育层面。樊富珉指出，心理健康教育既体现高等教育的双重价值，又与大学教学过程的本质特点密切相关，它是高等教育培养目标的内在要求。同时，还阐述了心理教育与德育、智育等教育因素的关系，明确指出，德、智、体、美、劳的教育都离不开学生的心理活动。三是个人层面。申荷永从人的认知发展和情感发展以及自我实现与超越等方面探讨了心理教育的价值所在，指出健康心理是人才的根本素质。四是政策层面。《高等高校学生心理健康教育指导纲要》指出：“心理健康教育是提高大学生心理素质、促进其身心健康和谐发展的教育，是高校人才培养体系的重要组成部分，也是高校思想政治工作的重要内容”。这些成果体现对心

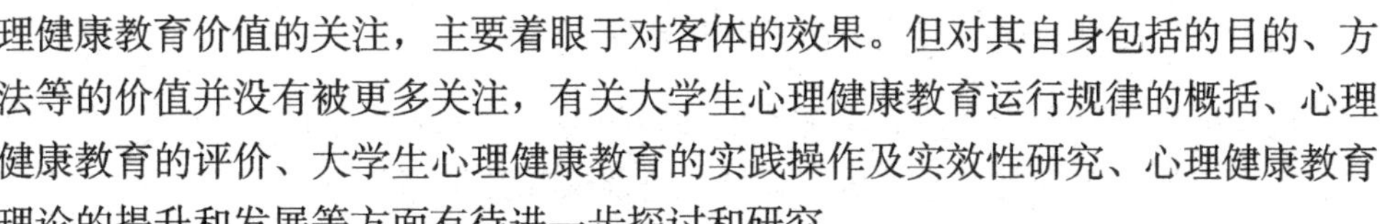

理健康教育价值的关注，主要着眼于对客体的效果。但对其自身包括的目的、方法等的价值并没有被更多关注，有关大学生心理健康教育运行规律的概括、心理健康教育的评价、大学生心理健康教育的实践操作及实效性研究、心理健康教育理论的提升和发展等方面有待进一步探讨和研究。

二、价值与功能研究是心理健康教育的自省

理论上，大学生心理健康教育工作自 2004 年年底在大专院校全面展开，经过近 20 年的实践摸索，形成了各具特色的工作模式，培养了一批工作队伍，目前已经进入对心理健康教育的反思和总结阶段。高校心理健康教育作为思想政治教育体系的重要组成部分，其实践价值到底在哪里，究竟有多大，从资料检索情况看，相关的论文也不多见，需要给予学术上的探索和解答。因为从思想政治教育方面来看，思想政治教育理论需要在此视角下进一步丰富和发展，有助于拓宽思想政治教育研究的领域，有助于拓展思想政治教育方法的内容要素，有助于深化人们对思想政治教育实践活动规律的认识，从而使思想政治教育活动遵循人的思想活动形成与发展的客观规律。从心理健康教育方面来看，可以丰富和补充心理健康教育价值理论的研究；有助于心理健康教育与德育的进一步结合，有助于提高对心理健康教育的认识和接受。

第二节　高校心理健康教育价值的内涵

一、从现实角度看心理健康教育价值

心理健康教育的现实价值，主要体现在高校教育和思想政治教育及大学生个体发展的现实价值上。

（一）心理健康教育是高校素质教育的内容

在高校素质教育体系中，心理健康教育是基础和前提。在人的整体素质结构中，心理素质是基础，对人的其他素质产生重要影响，主要体现在：心理品质间接影响个体的生理活动，调节活动能量的释放，对增进人的生理机能和提高人的身体素质产生重要影响。良好的心理素质是大学生内化科学文化知识的必要主观条件、认知心理品质影响内化的方式、过程及效果。而情感、兴趣等非认知心理品质则往往成为内化过程中的动力影响。良好的心理素质包含道德认识、道德体验、道德情感及道德意志等方面的因素，只有遵循人的心理发展及活动的规律，道德教育才会真正有成效。

（二）心理健康教育是大学生成长成才的客观需要

健康的心理是完成学业、掌握专业知识技能必要的先决条件。大学生的心理素质状况直接关系到其身心的健康发展和潜能的充分发挥。

（三）心理健康教育是培养高素质创新人才的必然要求

社会要全面发展，实现人才强国，必须有大批具备健全的心理素质、有角色转换的心理准备和适应能力的高素质创新人才。

（四）心理健康教育是加强和改进大学生思想政治教育的迫切要求

心理健康教育为有效地实施思想政治教育提供了良好的心理背景和基础。对学生进行及时有效的心理健康教育不仅有助于思想品德的形成和发展，而且只有在心理健康的基础上，才能实现思想健康、道德健康、政治健康。因此，心理健康教育可以促进思想政治教育内容的丰富、途径的拓展和方法的灵活，提高思想政治教育的针对性、实效性。

二、从个体发展看心理健康教育价值

（一）提高综合素质、促进人的全面发展是其核心价值

马克思提出人的全面发展是人类的最高价值理想，其实质就是使人在世界中确立自己的价值和主体地位，以实现自我。人的全面发展应是人的价值、人的尊严、人的独立人格、人的个性、人的生存和生活及其意义、人的理想和人的命运的全面而自由的发展并被尊重。社会主义市场经济的实行与推进为心理健康教育个体价值的实现提供了最大可能的支持和条件的创造，人的主体性已在现实社会环境中凸显并逐步确立，关注自身，追求个体价值已得到人们的认同。因此，作为教育中最关注人的精神发展的心理健康教育更应将“注重人的全面发展”放在应有的位置，将人的主体要求、人的积极性、创造性的发挥以及健全人格的培养作为其重要的教育目标，成为提高人的综合素质、促进人的全面发展的重要途径与手段。

（二）将个人的心境发展为最佳状态是其价值根本

世界卫生组织提出“健康不仅是躯体没有疾病，还要具备心理健康、社会适应良好和有道德”。健康的概念可以扩展为躯体健康、心理健康、道德健康、社会健康、环境健康。从狭义上讲，心理健康是指人的基本心理活动的过程内容完整、协调一致，即认识、情感、意志、行为、人格完整和协调，能适应社会，与社会保持同步。心理健康教育是以培养心理素质和解决心理问题为基本目标的教

育，包括心理培养、心理训练、心理辅导、心理咨询、心理治疗等，是直面人生命的活动。就心理健康教育本身所包含的意义而言，心理健康教育面对的是生命个体，它的根本目的是促进人的生理、心理和社会性等方面健康、和谐、统一发展。南京师范大学班华教授认为，心理教育是有目的地培养受教育者良好的心理素质，提高其心理机能，充分发挥其心理潜能，进而促进整体素质提高和个性发展的教育。因此，心理健康教育势必要以人为出发点，将关注个体成长和发展的整个过程和提高个体价值作为目的。心理健康是个体成长的本身内涵。每个生命都需要一种健康、积极、乐观、向上的人生态度和人生追求，在这种状态下，个体才会有成就感和幸福感。而心理健康教育正是帮助人们寻找快乐、寻找自信、认识自我和实现自我价值的过程。因此，个体的心理健康是人生命的重要组成部分，是推动和实现个体生命价值的内在动力和驱向。因而，心理健康教育能够促进个体成长，提升个体生命的价值，实现人生意义，这既是心理健康教育的神圣使命，也是心理健康教育的个体价值所在。

（三）提高人的社会适应能力是其必然目标

虽然人在本质上是社会的存在物，但这并不意味着人一生下来就是社会的人，就是一个合格的社会成员。一个人要从自然人成长为社会人，必须主动或被动地经历一个社会化的过程。特别是大学生，正处在社会化进程的关键阶段，认知、情感、意志的发展都处于最快也最易冲突的时期，如能接受系统的心理教育和发展引领，可以加快这一进程转化的效率和效果。社会适应能力良好的人，其表现主要有：能在环境改变时正确面对现实，对环境做出客观正确的判断，不怨天尤人；能与社会保持良好的接触，使自己的思想、行为与社会协调一致；善于与他人接触，以乐观豁达、宽容理解的心态与人相处，能够正确处理个体与群体的关系，有独立的人格和积极助人的精神；能乐观地对待失败和挫折等。因此，世界卫生联合会把“适应环境，人际关系中彼此能谦让”作为心理健康的标志之一。

三、从教育主体看心理健康教育的价值

心理健康教育的主体必然是人，作为“人”之主体有很多层次，可以是社会、群体或单个的人，马克思就有“主体即社会”的观点。

心理健康教育对于学生主体的价值：心理健康教育能够满足学生的心理需要，在教育教学活动中，学生获得知识、发展能力、提高心理素质、形成良好的心理品质、掌握科学的心理方法。心理健康教育对于学生全面而和谐的发展具有重要价值。作为学生，通过读书掌握知识、完善专业结构，通过思考获得智慧提高专业能力，通过模仿领悟懂得做人规则并形成专业态度，才是基本而完整的学习过程。特别是后者，也是人格形成和完善的过程。相同教育教学资源下，思维

方式是否优良以及由精神场引导的行为结果功耗比大小决定着我们智慧的高低。真正的“我爱我”，要体现在提高规划目标的能力、知识学习的能力、有效沟通的能力、应对问题的能力和心理提升的能力等方面。随着心理的成长，摸索到智慧的所在，进而看到自由的方向，大学的收获与人生的幸福才能如期而至。

心理健康教育对于教师主体的价值：教师作为心理健康教育的承担者，随着工作压力的不断增加，其自身的心理保健越来越重要。教育者的心理健康状况不仅关系到教育效能的发挥，而且会直接带到教育过程中，影响受教育者的心理健康与发展。因此，心理健康教育对于教师心理素质的提高具有重要价值。从此意义上说，教师又是心理健康教育实践的主体，培养良好的心理素质是一项系统工程，渗透于教育的每一个过程。教育者不仅要有专业知识和教学能力，而且必须了解受教育者自身身心发展的规律，了解心理健康教育的意义，具备心理教育的能力，在各自的教育实践中自觉体现和渗透心理健康教育。教育者传统的“传道、授业、解惑”中“授业”的功能将逐渐减弱，而人格培养的功能将日益加强，心理健康教育将成为教育者必备的资质和职业能力。

心理健康教育对于家长主体的价值：在家庭教育活动中，家长既是实践的主体，也是价值的主体。心理健康教育对于提高学生家长的心理素质具有重要价值，而且有助于对学生的家庭教育实践。许多学生的心理问题和心理疾病的成因主要来自亲子关系中的问题。因而，加强对家长的心理健康教育以及心理健康理念的普及可以从源头上解决大学生的心理问题，心理健康教育的补救功能还应体现在对大学生原生家庭、家长以及亲子关系的修复上。

心理健康教育对于社会主体的价值：心理健康教育还具有稳定社会、净化教育环境的功能。个体成长和发展总是离不开一定的社会背景，良好的社会教育环境是青少年健康成长的有利条件。同时，个体的言行或表现又会作为相应环境中的一分子影响他人的发展。心理健康问题在不同年龄的人身上都会造成情绪、性格、人际关系等方面的缺陷，还会直接阻碍其社会适应、品德、个性的正常发展，甚至导致犯罪行为的产生，影响社会安定。因此，心理健康教育对于预防犯罪、净化社会的教育环境也具有积极的意义。

四、从心理健康教育的过程看心理健康教育的价值

专业教学过程中渗透着心理健康教育的价值。专业教学中对学生实施心理教育是现代教育的必然要求。真正的专业教学不仅是使学生获得、运用知识的过程，同时也是使学生发展能力、形成品质、掌握方法的过程。专业教学要想取得好的效果，必须依靠学生学习某门学科的需要、动机、兴趣、情感、意志、心态、能力和科学的方法等心理因素。任何一种知识的掌握必须以一定的能力为基

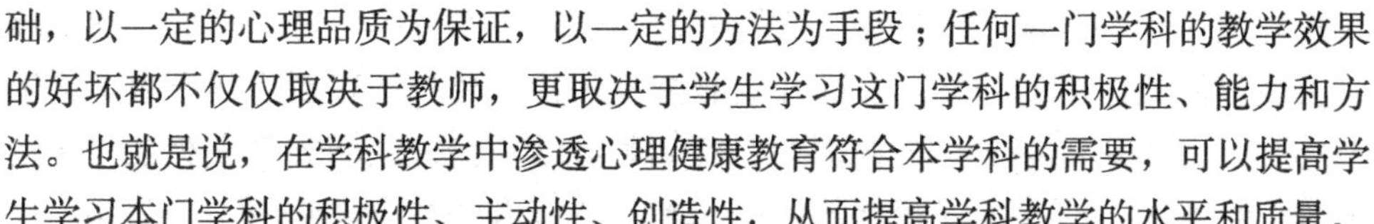

础，以一定的心理品质为保证，以一定的方法为手段；任何一门学科的教学效果的好坏都不仅仅取决于教师，更取决于学生学习这门学科的积极性、能力和方法。也就是说，在学科教学中渗透心理健康教育符合本学科的需要，可以提高学生学习本门学科的积极性、主动性、创造性，从而提高学科教学的水平和质量。

管理工作中实施心理健康教育的价值。学校中的党务工作、团队工作、行政工作、班主任工作等都必须注重对学生心理健康的教育。这不仅有利于提高学生的心理素质，还有利于提高管理者的心理素质，更可以提高各项工作的效能。任何一项工作要想取得良好的效果，都必须符合参与者的心理特点。在管理工作中实施心理健康教育，这必然会促使管理者自觉地了解工作对象的心理特点，充分体会心理氛围对工作的影响作用，并注意使自己的工作内容、工作方法适应工作对象的心理特点，从而提高自己的工作水平和质量。

利用教育环境进行心理健康教育的价值。人都生活在一定的“心理场”中，人的心理健康水平常常受物质环境、精神环境、人际环境等周围环境的影响。学生的心理健康水平除了受社会环境、社区环境、家庭环境的影响以外，更主要的是受学校环境的影响。环境熏陶是学校开展心理健康教育的途径之一。学校心理健康教育的开展可以极大地促进校园文化建设。

第三节　心理健康教育对思想政治教育的价值

一、理念价值

心理健康教育的加入，为传统思想政治教育打开了一扇窗，以“灌输”为基准的传统思想政治教育开始审视教育对象并从教育对象的角度看待自身。

（一）思想政治教育注重与人的认知相结合

心理学对于认知的研究，主要分为对物体的认知和对社会的认知，对社会的认知包含三个内容：一是自我知觉。这是个体在生活实践活动过程中，自己对自己的行为和心理活动的知觉（认知和评价）。而个体的自我认知常常与环境评价有出入或差别，个体的自我评价机制与思想政治教育的评价体系也会不同，道德高位的人未必自我感觉良好，而自我感觉良好的人未必一定思想先进、道德高位或政治立场明确。因此，思想政治教育要充分考量人的自我认知的共性与差异性。二是对他人的知觉。个体在社会交往中，通过与他人的接触，感知他人的外部特征，了解他人的内心世界，从而形成对他人的知觉。思想政治教育所树立的道德楷模和政治领袖以及高端思想，个体是否能认同，取决于个体对他人知觉的模式和主导性。三是人际知觉。这是个体在生活实践过程中对人与人之间的相互关系、彼此作用的知觉。人际知觉有鲜明的情绪色彩，表现为亲则近之，疏则远之。人际知觉包含两个方面的内容：对自己和他人之间关系和相互作用的知觉；对他人之间关系和相互作用的知觉。结合人的社会知觉的不同类型，思想政治教育应注重由表及里、循序渐进。通过批评和自我批评增强受教育者对自我的知觉，还应注重对受教育者人际交往能力的培养，形成健康的人际知觉。同时，要尊重人的社会知觉的层次差异，有针对性地开展相应的教育才能达到预期效果。

（二）思想政治教育需要重视人的情绪和情感体验

情绪和情感过程是个体对客观事物与个人需要之间关系的体验过程。情绪和情感伴随着人们认知的全过程，随着人们对事物的认识逐步深化和发展，人们对事物所持的态度和所产生的情绪和情感也相应发生变化。在“灌输”式传统思想政治教育理念下，思想政治教育是不顾及人的情绪和情感体验的单向性的教育行为，甚至带有部分强迫性，容易使其教育效果大打折扣。思想政治教育应遵循人的情绪和情感发展规律，根据不同的情绪类型因势利导，区别对待，营造良好的情绪和情感体验氛围，在最适宜的情绪时机开展教育活动以取得效果的最大化。同时还要注意情绪对人的认识的影响有积极和消极之分，积极的情绪和情感可以提高认识活动的积极性和有效性，消极的情绪和情感则阻碍认识的发展和深化。思想政治教育要多借鉴积极心理学的理念和方法，充分调动教育对象的情绪上的积极成分，尽可能将其转化为开展教育活动的良好心理基础。

（三）思想政治教育需要符合人的意志活动特性

意志是人所特有的心理现象，是人类意识能动性的集中表现。意志是自觉地确定目标，并为实现目的而支配和调节自己的行动，克服各种困难的心理过程。人的意志总是与人的行动联系在一起，所以意志又被称为意志行动。意志具有自觉目的性，即意志行动是人经过思考，对行为的目的有了充分认识之后采取的行动。离开了明确的目的，则无意志可言。意志的自觉目的性有两个根本特点。一是确定的行动目的要符合事物发展的客观规律；二是行动目的必须符合社会准则。因此，一个人的世界观和道德观是决定其意志自觉性的根本依据。意志水平正是以这种自觉目的性的水平为转移的，目的越高尚、越远大，意志表现的水平就越高。同时，意志还具有行为调节和控制作用。意志对人的行为具有两方面的调节作用：激励和抑制。对意志特征的分析和把握，有利于教育者更好地激发受教育者的主观能动性，从而使其思想和行为更符合社会发展要求。

二、目标价值

一直以来，关于心理教育与德育的关系有诸多争论，大致有五个方向的归类。最开始是“取代论”，此观点认为心理教育是德育创新和突破的一个新的出口，一经重视和发展，可以取代德育，成为大心理教育；随之而来的观点是“并列论”，认为不能过早夸大心理教育的功能和实效性，否定德育多年研究和实践的成果，两者要并行发展；还有一种观点是“异同论”，认为两者有区别，也有联系，有相对的一致性，但方法和途径有区别；再有一种观点是“有机结合论”，就是提倡两者要取长补短，相互借鉴，共同实现育人的目标；最后一种是“差异论”，认为两者的范畴应有所区别，特别是将心理教育置于德育范畴下，不仅泛化和扩大了德育，使两者的原有功能都可能被弱化，造成心理问题的德育化和德育问题的心理化，反而影响实质问题的解决。心理教育强调辅导理念，而传统德育的主要方式是训导。对此，香港中文大学林孟平博士对两者作过比较分析，如表 8–1 所示。

表 8–1　教育训导与心理辅导的区别

教育训导	心理辅导
肯定社群的重要性	肯定个人的价值
维持社群的秩序和纪律	在责任中善用自由与权利
协助个人对群体做出反应	促进个人的全面成长
偏重行为管理	全人的关注
重整齐划一	重视人的个性
由外而内	由内而外
抑制性和约束性	启发性，注重自主自觉
重外控力的培育	重内控力的培育
集体而公开	个人而保密
具法治精神	重体谅、宽容
管教加惩罚，较消极	管教中重自律，较积极

尽管心理教育与传统德育和而不同，但也有诸多一致性。

（一）在教育者与受教育者建立良好关系上具有一致性

心理教育方法只有建立在良好的咨访关系上才有意义，“关系是心理教育的第一技术”。来访者对咨询者具有充分的信任，才有可能将问题全部呈现，并听从咨询者的引领，咨询和教育才有可能获得效果，而咨询者只有真诚地倾听和真实地共情才能对来访者有充分的理解和尊重，才能和其直面问题，共同探索。同样，思想政治教育作为人对人的互动，只有受教育者对教育者具有一定的信任，教育者所传播的内容才有可能为受教育者所吸纳，进而内化。

（二）在帮助学生人格完善及健康成长的目的上具有一致性

思想政治教育是做人的工作，其方法必然要与人的认知、情感、意志活动过程相适应。思想政治教育的开展是在认知的基础上，对受教育者辅之以感情，再配之以意志行为，这样就会取得很好的效果。这三者是辩证统一的关系，在整个思想政治教育过程中有机结合起来。心理教育是以培养心理素质和解决心理问题为基本目标的教育，是教育的心理目的，心理教育中的行为矫正可以对应思想政治教育中的日常行为规范管理。

（三）在尊重生命爱惜生命的教育内容上具有一致性

心理教育以预防危机、保全生命作为底线，从工作方法来看，是通过课程教学、团队活动等形式开展了大量的生命教育。而生命教育课也是思想政治教育中的重要一环，思想政治教育的所有目标、价值都以生命的存在为前提。

（四）在价值引导和价值影响的效果上具有一致性

一直以来，人们对心理教育有一个误读，认为心理教育延续心理咨询的价值中立的伦理立场，过度强调来访者个人感受，而对思想政治教育中的价值如集体主义等引导不足。事实上，心理教育者在实践中始终肩负心理教师和教育者的双重身份，在方法上既兼顾来访者个人主观感受，又在不妨碍咨访关系的前提下见缝插针地将主流价值体系渗透给来访者，特别是大学生群体。因而，两者在价值引导和价值影响的效果上具有一致性。

（五）在培养受教育者自我教育、自我成长的目标上具有一致性

心理教育方法的运用最终要达到的效果是“助人自助”，即在先期对来访者采用咨询和教育方法后，引领对象领悟与超越，将其正向体验泛化到生活中的各个领域，对于相似问题能自主调节和解决，并最终对其他问题也能类推解决。而自我教育也是思想政治教育的目的之一，使受教育者在教育者的引领下逐渐主体化，开展自我教育和自我管理，自由成长。因此，在这个目标上两者具有一致性。

三、学科价值

心理健康教育作为一种旨在提升人们心理健康的活动，作为一种干预和调适人们心理健康的理论与方法，作为一门专门的学科，具有 100 多年的历史，在心理健康教育的发展过程中积累了十分丰富的经验，将心理健康教育纳入思想政治教育研究领域，参照和借鉴心理健康教育发展过程中的有益经验，对于思想政治教育学科建设、实务活动和整体发展具有十分重要的价值。

（一）心理健康教育学科化发展对思想政治教育学科发展的价值

心理健康教育，特别是心理咨询科学化和学科化的发展过程和思想政治教育一样，也经历了一个从经验到科学、从具体方法艺术到学科化理论的发展过程。在心理咨询和心理健康教育的发展过程中，美国心理学家罗杰斯做了两项工作，即科学化和学科化的工作，他将自己的心理咨询过程实录下来，为后来的研究提供了可资依据的基础。他还总结了心理咨询过程的成功因素，使心理咨询的理论和方法具有共同的科学因素。这种使心理咨询科学化的方法也为思想政治教育科学化提供了借鉴。

在思想政治教育发展史上，也存在许多成功的经典案例，如果将这些案例记录下来，作为研究者客观研究的基础，进而探讨出一个成功的思想政治教育活动的共性因素，那么思想政治教育活动也就少了一些经验性和盲目性，多了一些理性和科学性。例如，心理咨询与心理健康教育在发展过程中，十分重视系统的理论梳理，形成了种类繁多的流派，不同理论流派的互相对立、冲突、融合对心理咨询与心理健康教育运动产生了积极的推动作用。这些都为我们开展思想政治教育学科建设提供了借鉴。

（二）心理健康教育的建设模式对思想政治教育模式转变的价值

在我国，传统思想政治教育主要采取自上而下的权威主义教育模式进行，这种自上而下的教育模式有其形成的历史，也发挥过重要的历史作用，在当前依然是我国思想政治教育的主导模式。随着改革开放的深入发展，人们思想的选择性、多元性和多变性日益增加，在这种多元开放的社会环境下，思想政治教育模式也应做出相应调整和改变。心理健康教育模式建设提供了十分丰富、可资借鉴的经验。在心理健康教育，特别是心理咨询活动中，除了采取自上而下的教育方式，宣传普及心理健康的理念与知识以外，还采取了一些特殊的方式，如设立专门的心理咨询机构，通过客观、专门的机构进行心理咨询和心理健康教育活动；注重心理健康教育过程中的双向互动，强调对来访者的倾听、沟通和平等交流；采取相对被动的方式，即只有当人们有了心理困惑和问题来咨询时，才提供帮助，“不愤不启，不悱不发”，使教育过程实现了“要我接受”到“我要接受”的转变；充分发挥个体在心理咨询和教育过程中的积极性和主动性，调动个体的一切成长和发展的资源，克服个人成长的问题，把心理咨询和心理健康教育的主动权交给来访者个体，等等。这些都对思想政治教育的模式转变具有重要的参考价值。

四、方法价值

所谓思想政治教育方法，就是教育者和受教育者在思想政治教育过程中所采用的思想方法和工作方法，或者说是教育者和受教育者为了达到一定的教育目的所采用的手段和方式。

首先，由思想政治教育的本质所决定。思想政治教育是人学，其方法要与人的认知、情感、意志活动过程相适应。思想政治教育要实现其育人目标，就应结合人的社会知觉的不同类型，注重由表及里、循序渐进，使受教育者通过批评和自我批评增强对自我的知觉，还应注重对受教育者人际交往能力的培养，形成健康的人际知觉；还要遵循人的情绪和情感发展规律，根据不同的情绪类型，因势利导，区别对待，营造良好的情绪和情感体验氛围；教育者要对教育对象的意志特征有一定的分析和把握，更好地激发受教育者的主观能动性，从而使其思想和行为更符合社会发展要求。只有有效把握教育对象知、情、意的规律，才能有的放矢地对其人格进行全面塑造，对其行为进行有效矫正和养成。

其次，是思想政治教育自身创新和完善的需要。一直以来，思想政治教育所采用的方法大多为说理教育，且多从政治要求角度出发，单向灌输带有严重的主观性和强制性，教育对象绝对客体化，教育的效果与教育的目标有一定差距。思想政治教育目标是清晰的、正确的，内容是可行的，但方法的创新势在必行，“目中无人的教育”“教育者自说自话的教育”的局面需要改观。思想政治教育的“以人为本”应具体化为“以教育对象为本”“以教育对象的心理规律为本”。实践表明，思想政治教育中，遵循心理学规律，往往会取得意想不到的效果。所谓思想政治的说理教育，是指思想政治教育者通过阐述某种思想理论，启发受教育对象，用以理服人的方法使受教育者认同教育者的理念，为此需要启发受教育对象的认知。心理学对人的认知做了大量的研究，其成果为思想政治教育方法的创新提供了很好的借鉴。

（一）心理疏导与心理危机干预法是思想政治教育的特殊方法之一

心理咨询中以人为中心疗法相信人性本善，主张以当事人为中心，相信积极的关怀和耐心的引导可以使当事人消除障碍、恢复健康，咨询师运用同感、积极关注和真诚面对等技巧建立良好的咨询关系。因此，如果将以人为中心疗法理论运用于高校德育实践中，就可以以学生为中心开展育人工作，营造全员育人的和谐心理环境；赏识教育培养学生的自信心；运用倾听、同感和鼓励的办法建立平等民主的师生关系；以学生为中心开展主题活动激发学生潜能。借用以人为中心疗法，能够使教育者对学生有充分的尊重、理解和信任，学生在与教师的交往中就会感到舒服自在，不必担心受责与被嘲笑，大大减少了思想压力，这为学生接受良好的德育教育准备了充分的内部条件。同时它强调人性本善，提倡引导学生进行自我探索，这样可以教会学生自己寻找解决问题的适当方式，从而学会独立解决生活中的种种问题，获得自我成长。

心理疏导方法被思想政治教育广泛采用。心理疏导，就是教育者与受教育者在建立良好关系的基础上，围绕心理问题，相互理解、沟通、引导，达到消除心理障碍、促进身心健康效果的一种方式。心理疏导的目的是通过疏导，消除人们的心理障碍，使人们在一个正确的自我认识、健康和谐的心理基础上得到进一步成长。思想政治教育主要是想解决受教育者的一些思想认识问题，但有时，思想认识问题和心理问题交织在一起，思想政治问题与心理问题又是融合生成、相互影响和转化的，思想政治问题如果处理不好很容易引发或轻度成心理问题，心理问题若处理不好也会转变成思想政治问题。

合理情绪疗法是以主动的指导性教育方式，采用讲授、解释、说服、辩论等方法来排除学生的非理性观念。它揭示了观念与情绪的关系，当思想政治教育效果不明显时，可以帮助教育者识别哪些是由于受教育者的不合理信念造成的，哪些是思想政治教育自身的内容、方法、手段的问题所导致的，从而有针对性地做出调整。高校思想政治教育一直强调的是教师把符合社会发展要求的思想道德规范通过灌输、熏陶或实践等方法影响学生，但却忽视了学生的主观能动性，这也是思想政治教育工作实效性不高的原因之一。

合理情绪疗法融合了认知疗法和行为疗法的优点，它的众多理念与技术匡正了当前高校思想政治教育的某些如忽视学生的主体建构性、主体间性缺失、教师与学生关系失调、工作表里不一等不足，符合现代思想政治教育的发展趋势，它的工作特点也符合高校青年学生的身心特点，是高校思想政治教育可以借鉴的工作方法。

团队训练法，即按照心理教育中的大团队训练的概念。传统思想政治教育中的班会、座谈会、大型教育活动等非个体活动都是团队训练模式，因为都存在主题明确、人数众多、教育环节较为复杂等要素。心理教育中的团队训练以体验为主，采用个体感悟和团队分享的手段引领参与者体验—领悟—分享—领悟，并从中获得心灵成长。传统思想政治教育中的班会等非个体教育活动除了实现管理信息传达的目的，同样以完成有针对性的教育目的为主。美国德育模式大多是按照“设置场景—引导角色进入—体验—选择”的过程展开，其中无不贯穿学生的思考活动。因此，在班会等非个体教育活动中可以采用团队训练的形式，改变教育者单向主讲、教育对象被动听的状况，让教育对象都能参与进来，成为活动主体，让学生在体验中、在组织者的有目的的设计和引领下、在朋辈的分享借鉴里，从认知、情感、意志、行为等方面主动地、能动地汲取教育目标中的真谛，从而达到预期教育效果。

（二）心理危机干预法用于思想政治教育解决极端问题

危机如家庭危机、社会危机、疾病危机和成长危机等，是突然出现的威胁和中断人类和个体生活进程的事件。博尔诺夫认为，危机不是一种偶然性现象，而是人生的组成部分，具有必然性。危机的概念较早出现在管理学中，心理学视角中的危机干预主要用于个体和社会特定群体的心理思想政治教育，它一直在做的就是启发和引导受教育者认识危机的本质和意义，培养他们面对危机的勇气和克服危机的顽强意志，从而使他们战胜危机。

在面临自然、社会或个人的重大事件时，大学生无法通过自己的力量控制和调节自己的感知与体验，进而容易出现情绪与行为的严重失衡状态。心理危机综合干预策略科学、有效，心理危机干预预案有针对性、实效性，可以降低大学生心理危机事件的发生率，更可降低大学生在危机事件中的心理负性影响。就学生而言，现实问题考验的是个体应对能力；就学校而言，大学生心理危机考验的是学校对高素质人才的教育能力，从这个方面看，实施以提高大学生应对能力为目标的教育即心理危机预防教育是使现阶段大学生摆脱心理危机的根本。思想政治教育工作要履行维护校园安全和学生身心安全的教育责任，借用心理危机干预方法，具有较大的应用价值和现实意义。

（三）心理测试方法可以思想政治教育对象测查和教育效果评估

受教育对象的人格结构和心理基础是思想政治教育等活动在开展前应该考察的软指标，其行为习惯的改变程度及日常功能的有效水平应是检验思想政治教育效果的硬指标。心理测试是心理教育中一个基础的工作方法，采用科学的心理测量，不仅可以描述个体或人群的心理健康状况，也可以评估其日常健康行为习惯和日常功能的有效水平。而个体或人群的心理健康状况是思想政治教育工作对象的心理基础，通过测查，可以有针对性地调整思想政治教育的时机、内容、手段；而思想政治教育的效果，可以通过心理测试的方法来检验，如检验受教育者日常行为习惯的规范以及教育活动在其日常功能的有效程度等。

（四）心理教育方法在思想政治教育中的实践成为趋势

思想政治教育方法的发展史，就是随着思想政治教育实践的不断发展，广大思想政治教育工作者对思想政治教育方法继承和创新的过程。现代化是当今世界发展的方向，思想政治教育方法也要实现与时俱进，向现代化、人性化、科学化方向发展。教育要以人为本，思想政治教育要贴近人的需要和人的特质，大而空、高而远的教育方法和手段将逐渐被具体的、人性的、个性的、贴近的方法所取代。心理教育方法由于其视角的独特，可以实现这一效果，理应被思想政治教育所吸纳和采用，思想政治工作凭借心理教育的方法，可以给教育对象以启发和教育，排除他们思想形成和发展中的心理障碍，帮助他们改变看问题的角度，建立新的思维方式。

首先，教育者可以针对受教育者的实际情况传授一些心理学的基本知识，让受教育者了解心理学的基本概念和心理健康的标准，了解自己的个性心理特点，有意识地对于自身某些不良心理状态和行为给予及时矫正和调整，以保持心理健康，这样才能保证思想状态的稳定性和正确性。

其次，心理咨询要与思想政治教育相结合。心理咨询可以增强思想政治教育的针对性，教育者要了解受教育者的思想状况，就要从受教育者的心理入手。思想政治工作开展之前，教育者运用心理学知识对教育对象的心理状态和心理特点进行研究，就可以掌握教育对象的心理活动规律和思想状况，掌握受教育者的个性心理特征，了解他们各自的兴趣、爱好、气质、性格、需要等，这样既有助于增强思想政治工作的预见性，又可以对不同个性心理特征的受教育者采用不同的工作方法，从而提高教育的实效性。

心理健康教育虽然被纳入思想政治教育体系，但只是从学科角度进行归纳，其方法的实践和应用价值并未被传统思想政治教育真正理解和吸收。在实践中，从教育者的角度看，仍然是两支队伍各自为战，心理健康教育工作者沉浸在心理学的理论研究与应用中，主要是用于心理咨询，而思想政治教育工作者仍沿袭传统思想政治教育的工作理念和方法手段踽踽前行，两者并行且有甚者相互指责和不屑。因此，思想政治教育在吸纳心理教育方法之前要完成理念的转变，而心理健康教育要想在教育中从边缘到中心必须尝试与思想政治教育切实结合。

第九章　高校心理危机干预和应激管理

人类发展的历史就是面对风险、危险、危机并不断化解危机的历史，危机干预是一个国家和地区精神文明与社会发展的重要标志之一，自 20 世纪 40 年代以来，国外关于心理危机和危机干预的研究取得了显著成果。当前大学生心理危机日益增多的现象也引起了各界专家学者的关注和研究，它是思想政治教育所面临的新课题，更是心理健康教育的底线。

第一节　高校心理危机干预和应激管理概述

一、高校心理危机干预相关概念

（一）危机

危机是指那些完全无法预测的、对当事人产生巨大影响的灾难性事件。危机状态对人的影响程度取决于当事人对所面临的急剧变化的危机熟悉程度。与此相反的是，如果不熟悉，就会产生无望的、害怕的感觉，伴随软弱感和无助感。一般性的危机包括战争危机、事业危机、经济危机、婚姻危机、升迁危机、交往危机、考试危机、死亡危机以及不可抗拒的天灾人祸，等等。帕里提出了危机的几大特征：一个关键的压力事件或长期的压力情景；个体的悲伤经历；存在损失、危险和羞辱；有一种无法控制的感觉；事件的发生是预料之外的；日常工作遭到破坏；未来的不确定性；紧张持续时间过长（从大约 2 个星期到 6 个星期）。

（二）心理危机

心理危机是指人在面临自然、社会或个人的重大事件时，由于无法通过自己的力量控制和调节自己的感知与体验，所出现的情绪与行为的严重失衡状态。处在心理危机中的人或人群除了有典型的生理方面的应激反应障碍外，通常在情绪上表现为暴躁冲突或抑郁强迫、狂躁多语或孤独少言、痛苦不安或激情难抑、绝望麻木或焦虑烦躁等严重的情绪行为失衡状态。如果进行有效的干预，当事人自

身就会重新产生“世界是安全的、可靠的”的理念，并努力达到与周围环境之间的平衡。心理危机的出现并不可怕，只要当事人或人群能得到及时的、专业的心理服务与援助，就可以化危机为发展，促进人在心理上更快地走向成熟。

（三）心理危机干预

心理危机干预是指运用心理学、心理咨询学、心理健康教育学等方面的理论与技术对处于心理危机状态的个人或人群进行有目的、有计划、全方位的心理指导、心理辅导或心理咨询，以帮助平衡其已严重失衡的心理状态，调节其冲突性的行为，降低、减轻或消除可能出现的对自己、对他人和社会的危害。为处于不同成长阶段的人的心理发展提供科学的、有效的、全面的心理援助和服务是现代社会发展的重要标志。

（四）学校心理危机干预

学校心理危机干预是指建立在学校教育和学校管理基础上的心理危机干预。严重心理失衡状态可能会导致学生的冲突性行为，如果一些冲突性行为只是在学校管理、社会安全或社会法律的层面上得到阻止和解决，而没能在心理层面上予以疏导和帮助，则可能转换成潜在的压力和焦虑，进而形成严重的心理障碍和心理疾病，直接影响青少年身心的健康发展。学校心理危机干预的范围通常是在校园内发生的重大恶性事件。学校心理危机干预的对象主要是在学校学习的学生、学校教师和管理人员以及与他们相关的亲属或亲属人群。参与学校心理危机干预的成员主要是学校教育的管理者、学校心理健康教育教师、与学校教育相关的教育专家和心理专家以及高级心理咨询师、医务人员、社会安全保障人员（公安、法律、火警等）和社区工作者等。

二、高校心理危机干预与应激管理的意义

加强我国大学生心理危机干预的研究，构建大学生心理危机干预体系，强化大学生心理危机干预工作，无论对大学生个人的发展与成才，还是对维护高校和谐稳定都具有重要意义。

（一）政策依据与要求

2007 年 8 月 30 日，第十届全国人民代表大会常务委员会第二十九次会议通过了《中华人民共和国突发事件应对法》。近年来，屡见不鲜的高校极端事件使大学生心理健康问题变得日渐尖锐。2017 年 6 月，教育部印发了《普通高等学校健康教育指导纲要》，指出高校健康教育内容主要包括健康生活方式、疾病预防、心理健康、性与生殖健康、安全应急与避险五个方面，其中明确了心理健康

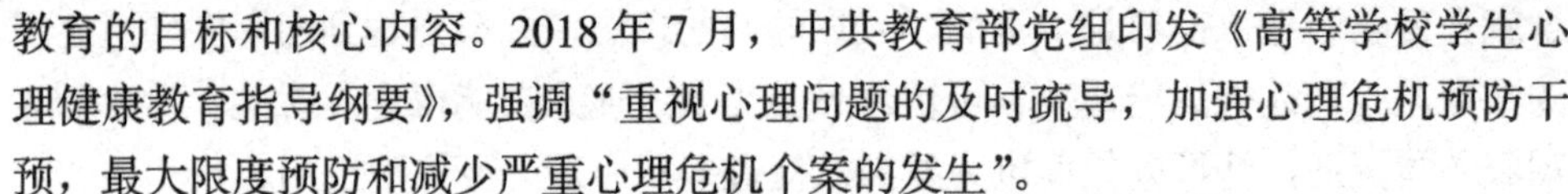

教育的目标和核心内容。2018 年 7 月，中共教育部党组印发《高等学校学生心理健康教育指导纲要》，强调“重视心理问题的及时疏导，加强心理危机预防干预，最大限度预防和减少严重心理危机个案的发生”。

（二）它是心理健康教育的底线功能

高校心理健康教育经过多年的发展与实践，已经从病态治疗和人格补偿阶段进入心理发展阶段。但是，从心理和精神层面保护生命、完善个体对心理危机的应对能力依然是心理健康教育要坚守的底线功能。没有生命何谈发展；对少数处于心理危机的个体全面关注、科学引领是所有心理工作者必须履行的职责和面对的重要课题，对多数学生开展心理危机应对与管理能力训练也是心理健康教育必须承担的教育责任。不能用自杀率来衡量工作成效，但每个心理工作者决不能因此而失去对关键问题的把握，不能因此而对自己的职业责任有所放松，更不能陷入急功近利的务虚追逐中。要认真地辨别危机现象，主动加强对危机个体的关注和追踪，宁可悲观地去研判，也不能忽略每个支持和干预的机会。

（三）它是高校心理健康教育理论和实践的集中体现

危机干预与应激管理是集管理学、思想政治教育学、组织行为学、心理学、领导决策学于一体的综合运用的过程，本身就体现了心理健康教育是一门兼容的学科。其过程是一个教育和管理过程，需要组织、协调、治理，更需要超前设计，是思想政治教育和心理健康教育最集中、最全面的实践。也是心理工作功能的一种外显。如果说，心理咨询是为某些个体提供的服务和享受，那么危机管理才能帮助心理健康教育融入高校整个管理体系中。这既是高校教育和管理工作的需要，使得心理健康教育可以部分地摆脱边缘化，更是心理健康教育专业性的体现。

（四）它是学生成才成长的需要

大学生接受高等教育，不仅要接受专业结构发展和拓展，同时还需要获得更好的平台促进躯体发育、认知和情感的发展以及社会角色能力的发展，还有作为独立自由人应对心理危机能力的发展。大学生在成长道路上，危机时时与他们相伴。善待心理危机，以心理危机为契机，使大学生真正发现生命的价值与人生的意义。大学生心理危机干预涉及每个年轻的生命，其重要性不言而喻，它是大学生心理健康教育的重要组成部分。因此，在教育系统内引入旨在促进大学生心理发展、精神健康和预防危机的项目是必要的。通过心理健康教育和危机管理指导，可以提升学生的自我感知，促进其对心理发展、精神健康和危

机管理的理解，引领其更好地预见、评估、应对各种危机，并从中更深刻地领悟生命的意义，提高对人生的掌控能力，发展为一个自由而全面的独立人。

三、高校心理危机干预的模式与类型

（一）危机干预的模式

因为危机呈现出一些特征，比如，危机既意味着危险又蕴藏着机会、危机的时间通常有限、危机常常是复杂的且难于解决、危机干预工作者的生活经历可大大地增加危机干预的效果、危机包含着成长的种子和改变的动力、不存在万能的或快速的解决方法、危机以多种选择呈现在人们的面前、危机中伴随着情感的不平衡和紊乱、危机的解决与危机干预工作者的成长之间存在交互影响等，因而会出现不同模式予以应对。贝尔金等对危机干预的模式提炼出三个方向，即平衡模式、认知模式和心理社会转变模式。

平衡模式也可称为平衡 / 失衡模式。这是一种最纯粹的危机干预模式，通常应用于危机的起始期。处于危机的人群或个体通常处于心理或情绪的失衡状态，平衡模式的干预方向就是让他们尽快恢复到危机前的心理或情绪状态，且稳定的时间在一周左右。在发生灾难性突发事件时，心理干预可起到缓解痛苦、调节情绪、塑造社会认知、调整社会关系、整合人际系统、鼓舞士气、引导正确态度、矫正社会行为等作用。有效的心理干预就是帮助人们获得生理上、心理上的安全感，缓解乃至稳定由危机引发的强烈的恐惧、震惊或悲伤的情绪，恢复心理的平衡状态，对自己近期的生活有所调整，并学习应对危机有效的策略与健康的行为，增进心理健康。

认知模式以通过改变当事人的思维方式，尤其是通过认识其认知中的非理性和自我否定部分，实现对理性的获得并强化理性和自强的部分，从而对危机中的生活有所控制。危机到来的时候，常常会在一段时间内扭曲人的原有认知使其变得消极，带给当事人无力感和无助感，使其感到茫然和不安。通过认知模式的干预，当事人学会自我说服，思想重新获得积极的肯定，消除旧的、否定的、懦弱的认知，实现对生活的掌控。此模式适合危机的中期阶段。

心理社会转变模式。危机不仅仅是个体自身的，它的出现与社会的或环境的困难有关，危机的恢复和消除也需要个体与环境共同作用。这个环境包括个体的同伴、家庭、职业、宗教和社区等多个外部维度。环境的改变对个体危机的解决起重要作用。这种干预模式比较适合危机干预的中后期，即稳定下来的求助者。危机干预策略和方法是建立在危机干预模式上的，也即策略和方法因模式的不同而有所区别。

（二）心理危机干预过程

心理危机干预的四种基本模式及其发生和作用可以通过以下过程来体现。

1. 预防性干预

即在重大事件可能发生前的心理干预。这是危机干预侧重的部分，也即“防患于未然”。通过心理教育、危机教育、危机发现，尽最大可能避免和预防危机的发生是危机干预的重点。

2. 引导性干预

即在重大事件发生时的心理干预。这种干预更倾向于平衡模式，引导当事人或求助者尽快恢复平衡。

3. 维护性干预

即在重大事件发生后的心理干预。这是对积极认知等因素的维护，肯定情绪的转变，维护心理和情绪的稳定并将其时间延长。

4. 发展性干预

即在当事人（或人群）心理康复后以促进继续健康发展为目标的心理干预。也包括对健康人群的发展性心理健康教育以及对环境支持因素的发展性教育。

四、大学生心理危机的特点与干预策略

（一）大学生心理危机的分类

大学生心理危机的分类有很多，不同学者从不同的角度对危机进行了分类。目前比较认可的有二分法、三分法和四分法，其中比较流行的是布拉默提出的三分法，即心理危机有发展性危机、境遇性危机和存在性危机三种情况。

（1）发展性危机。对大学生个体来讲，正常发展中存在学业、恋爱、人际、择业等内容。在这个发展过程中，学业上如考试作弊被严重处分、重大考试失利、不能按期毕业、被学业处理等会引发心理危机；情感方面，单恋求爱不成、失恋、遭遇背叛等常常引发心理危机；人际方面，被孤立、被暴力对待、好友背叛、人际冲突等易引发心理危机；择业方面，求职被拒、就业不理想等会引发心理危机。

（2）境遇性危机。常常出现在罕见或超常性事件，在人无法预见和控制时。对大学生而言，父母离婚、交通意外、突然患病或亲人死亡、创伤后压力综合征等会引发境遇性危机。

（3）存在性危机。主要指伴随重要的人生问题的内部冲突和焦虑，如许多大学生开始思考人生目的、责任、独立性、自由等深度问题，但由于认知水平有限，常常陷入空虚、无望的状态，体现为无希望、无能力和无作为等感觉，易导

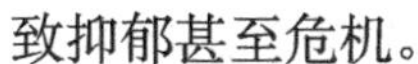

致抑郁甚至危机。

（二）大学生心理危机的表现及特点

个体精神症状表现：言语上抑制、紊乱；认知与思维上注意狭窄或歪曲；情绪上焦虑、恐惧、悲伤，易怒性、情绪不稳定性、抑郁性的感觉提高，注意力集中困难；记忆上有非意愿的、无法控制的回想；行为上冲动，有释放性行为，如攻击、抑制、恐惧和焦虑提高；学业表现下降和注意力下降、抗挫折能力下降、行为退缩等；各种分离的感觉，如睡眠困难、饮食困难、对曾经喜爱活动的兴趣降低、工作能力降低等。对那些与同伴相比表现出异常的学生，教师要始终保持警觉，因为他们或许需要更进一步的、更单独的个人心理危机干预。

群体性表现：师生可能有的共同反应如震惊、失去知觉、否认，或者对已发生的情景无法知觉、交往行为错乱——无动于衷、麻木不仁、表达不真实的感觉、思维混乱、行为混乱、难于做决定、易受暗示等。

（三）大学生心理危机干预的类型

从对象上划分，包括对当事人干预、对当事人相关人群干预、对当事人亲属人群干预。对当事人干预：对事件发生现场中的直接当事人或人群的心理干预；对当事人相关人群干预：对不在事件发生现场，但与当事人或人群有密切接触并受影响的人或人群的心理干预；对当事人亲属人群干预：对当事人或人群的亲属人群的心理干预。

从形式上划分，包括现场干预、来访性干预、跟踪性干预。现场干预是指在重大事件现场与其他专业人员配合与合作对当事人或人群的心理干预。来访性干预是指对有冲突性行为爆发倾向的来访人或人群的心理干预。跟踪性干预是指重大事件发生后，对当事人或人群、相关人或人群的补救性心理干预。

第二节　高校心理危机干预系统建设

一、高校心理危机干预及系统建设的原则

（一）预防原则

要加强对重点观测对象的发现、研判，有效制止即将发生的危机。自伤危机重点观测对象及其特征表现为：①近期内有过自伤或自杀未遂行为。尽管采取自杀手段并没有解决其问题，再次自杀的危险性将会大大增加。②近期流露出消极、悲观的情绪；彻底整理个人物品，将喜爱的物品赠予他人；言语（含网络言

语）中表达过绝望、无价值感或有自杀的意念。③近期遭受了难以弥补的严重丧失，并有异常表现。④学生对某个人、团体、社会有强烈的敌意、攻击性，而对方太强大。⑤和朋友谈论自杀方法，或买可用于自杀的物品，或在危险地徘徊着；不愿讨论自杀问题，有意掩盖自杀意愿的。⑥精神病患者。特别是抑郁症、精神分裂患者，出现情绪突然“好转”；处于严重抑郁状态学生的“平静期”。⑦支持系统（父母、亲戚、师长、朋友、恋人等）过于单一或薄弱的学生，严重自卑的学生，遭遇一定程度的刺激、创伤，也要列入危机观测对象。⑧有强烈的罪恶感、缺陷感或不安全感。⑨存在明显的自毁性或攻击性行为，存在暴力倾向或其他可能对自身、他人、社会造成危害的行为。

（二）控制原则

对当事人来说，要控制、防止过激行为，如自伤、自杀或攻击行为，将危机程度控制到最低。对相关群体来说，要控制其受波及程度。对整体环境来说，要尽快恢复平常时期的秩序和状态。要进行全面的、综合的分析，切实地根据需要做出是否复原的决定，如果不能适当进行，则具有使事态恶化、危机持续或者深刻化的危险，教学部门应尽快按教学计划上课，安全和后勤保障等部门按正常要求运行，对在危机中受灾严重的部门，重点支持建设。涉及学校对外形象建设的要尽快通过宣传消除社会上的不良影响，力争随着恢复平常的措施和对策的推进，使整体环境逐渐恢复平静和常态。

（三）降低影响原则

应当降低三个方面的影响，首先，对当事人的影响，应遵循保密的原则，尽最大可能将发生危机事件的当事人的信息屏蔽，对其隐私和声誉予以最大限度的保护。其次，降低危机事件对相关群体的影响，校园中的危机事件要快速干预完成，最大限度避免影响其他学生和正常的教学秩序，以免引起次生危机。最后，尽可能降低社会影响。近年来，校园危机事件给高校带来了许多负面影响，严重影响了高等教育的形象。形象问题甚至成为一些别有用心的人用来与高校谈判的砝码。学校的形象和声誉是学校生存和发展的根本所在，也是学生发展的利益所在。危机的发生必然危及学校的形象和声誉，在进行危机管理的时候要尽量减少对学校声誉带来的损失。因此，在尽快完成危机干预的基础上，应做好舆论和宣传工作，保证信息畅通，上情下达、下情上报以及各部门之间信息交流。要确立新闻发言人，定期通过校园网、校内电视台、广告栏和与学生以及外界新闻媒体面对面等方式和途径，将真实信息畅通无阻地快速传达给学生以及外界新闻媒体，避免小道消息的传播，稳定学生的情绪，避免猜测和误会，给学校带来舆论压力和社会质疑。

（四）教育原则

心理危机干预的关键在于进行“人格塑造”，帮助发生危机者恢复自信，克服心理缺陷，发挥个人潜能。一方面，要引导当事人释放被压抑的情绪，重建信心及正确的自我评价，及时处理当事者的精神、情绪及行为问题，帮助建立支持摆脱危机，帮助寻求解决问题的方式，让求助者学会采用积极有效的方法应对挫折；另一方面，要加强生命教育与死亡教育。生命教育就是要引导学生理解生命，追求价值，关注人的生命、生活，尊重人的价值。死亡教育则是通过对死亡的了解，进而欣赏生命、珍惜生命和反省自己，从而获得积极向上的生活态度。应该从危机事件出发，从心理学、伦理学、社会学等角度开展教育，传授给大学生有用的心理知识、伦理规范、交往技巧、应对挫折的策略等，从而使更多大学生珍惜生命、健康成长。

二、高校危机干预系统的队伍与职责

胡泽卿认为危机干预是社会各界人士采取行之有效的办法，帮助处理困境中的个体、家庭、群体度过危机，恢复心理平衡的过程。它包括弄清问题、表达感受、确立目标、达到目标的意见以及决定行动方案等过程。学校危机干预必然是一个系统工程，需要学校内部的各个相关部门和人员通力合作，各司其职，共同作用，使危机降到最低，后果最轻。心理危机干预工作能否取得进展，队伍建设是先决条件，通常由以下三个层面的小组共同完成。

（一）领导小组

主要由校级领导承担，负责危机干预方案的制定和决策，组织协调专业小组和支持小组的工作。危机发生后，学校应授予危机管理领导小组高度集中的权力，针对危机产生的原因，围绕事先制定的危机管理预案，以学生生命为第一重点，快速决策、审慎处理。

（二）专业小组

主要由本校的和本地区（或本学区）的学校心理健康教育专职（兼职）教师、已获得心理健康教育教师上岗资格证书的教师组成。其主要工作内容包括：提供心理危机干预方面的技术指导和监督，在事件现场对当事人或人群开展心理危机干预、提供心理援助和心理疏导；对心理危机干预效果进行现场评估；收集和整理与当事人或人群相关的心理健康资料、与心理危机干预操作过程相关的资料；对事件发生后的维护性心理危机干预提供方案或建议；为上级教育管理部门和心理健康教育指导中心提供与事件相关的心理危机干预专项研究报告。专业小组还可指导并建立若干个临时性的工作小组，分别负责为事件现场外围的人或人群（同学、教师、家长）提供适当的心理援助和疏导。这些小组的成员可以由接受过专门心理健康教育培训的学校德育工作者、班主任和骨干教师、团队学生会干部、学生中的“心理互助员”等组成。

（三）协助小组

主要由保卫、教务、宣传、学生管理队伍等组成。保卫负责安全保障和对公安系统的辅助；教务协调教学管理和教学秩序的调整；宣传主要负责新闻发布和媒体协调，通过及时准确的信息发布也可以对相关人群进行次要干预；学生管理队伍负责对相关学生群体的安抚和管理，避免引起次生危机。

三、高校心理危机干预系统的内涵

心理危机干预是一个系统工程，在高校心理危机干预系统中主要包含三个维度，即心理危机预警系统、心理危机应激系统、心理危机干预维护系统。

（一）学校心理危机预警系统

关于心理危机预警系统的构建，①预警对象信息库是基础和前提，每年新生入校都要参加心理健康状况普查，为每一名学生建立心理档案，通过心理健康普查制度，发现可能产生心理危机的对象，从而建立预警对象信息库，重性精神病、神经症、有危机史、应激事件的学生要提前纳入“重点对象预警系统”，启动网络工作监控和管理体系，在适当范围内给予监控。②心理预警指标体系是标准和界限。通过召开心理工作专题会议，研究和制定校园心理危机干预和应激管理办法，设计并确定各指标的合理权重分数，确定预警级别，以便及时对学生的心理危机做出科学、准确的判断。③心理危机信息报告制度是补充和完善。日常生活中，网络体系逐级向上负责，发现、预防、监控都有联动，保证信息通畅。④建立交互式心理危机预警子系统，以学校为主导，由危机个体（学生）、家庭和社会共同构成一个整体预警系统。在学校部分，通过学生宿舍、班级、院（系）、心理咨询中心和学校建立五级预警体系，五级预警体系从低级到高级，层层设防，相互配合。两条通道：第一条是班级、年级、院系、学校、医院，第二条是由宿舍、楼栋、社区、学校、医院形成的自下而上、自上而下的双向多层次干预机制，学生心理疾病诊疗快速绿色通道。⑤常规性心理健康教育是巩固和干预措施，对大学生进行及时的心理健康指导与服务。

（二）学校心理危机干预应激系统

当在学校管理范围内发生重大恶性事件（自然灾害、灾难性事故、传染性疾病、暴力冲突、自杀自残自虐等）时，学校心理危机干预应激系统要及时、有效

地与负责危机干预的其他系统（教育管理、公共安全、医疗卫生、社会工作等）进行合作，有计划、有步骤地对事件当事人或人群进行心理干预，同时协助有关部门对与当事人或人群相关的人群（同学、教师）和亲属人群（家长、亲戚）提供科学有效的心理援助和心理辅导。学校管理者和安全保卫人员巡视校园；引导悲伤的学生到心理支持人员所在的地方；考虑准备给学生家长的信（情况、分析、反应、指导、联系号码）；所有成员可以运用“突发灾难性压力管理”模式；专业工作组成员有选择地到教室里组织讨论；教师要为学生的情感发泄提供机会；学校心理健康教育教师、专业工作者要为个人或小组提供心理咨询；要指定专门的发言人；要指定可替换的发言人。

（三）学校心理危机干预维护系统

学校心理危机干预的维护系统是指在重大恶性事件发生后对当事人或人群以及对与当事人或人群相关的人或人群提供补救性的、维护性的心理干预系统。由于种种原因，当重大恶性事件发生时，心理危机干预人员无法到达现场，需采取事后补救性的心理干预。它包括：在重大恶性事件发生后，对当事人或当事人群的继续跟踪的、维护性的心理干预；在重大恶性事件发生后，对与当事人相关的人或人群的维护性的心理干预。维护系统专业工作组人员构成与应激系统专业工作组人员构成基本相同，其任务也基本相同。在进行维护性心理干预时，专业工作组的一项重要任务就是要科学区分和鉴别出已患有比较严重心理问题或心理障碍的人员，要及时向上一级心理健康专业工作者求助或及时转介到当地医疗卫生部门。

四、高校心理危机干预与应激管理的科学研究

（一）研究现状

我国心理危机干预起步于20世纪80年代，并于1991年首先在南京建立危机干预中心，之后北京、长沙、成都、杭州、深圳相继成立危机干预中心。社会上心理危机干预中心对预防自杀、参与公共危机事件取得了一定成效，并对解决当时日益突出的青少年自杀问题有较强的借鉴经验。20世纪90年代后期，一些高校工作者，特别是心理健康教育工作者开始关注和研究大学生心理危机，纪宏于1999年在《北京师范大学学报（社会科学版）》发表了《高师院校大学生心理素质调查研究及自杀危机干预》。此后，相继有学者分别对大学生心理危机干预的途径、预警、预防、策略等问题进行研究。国内也陆续有学者介绍国外关于心理危机和危机干预的理论，但缺乏深入的理论研究和系统的实证研究。在这些研究中，主要涉及五个方面：一是大学生心理危机及其相关概念的界定和内涵探

讨；二是大学生心理危机的分类研究；三是大学生心理危机的产生原因分析；四是大学生心理危机的体系建设研究；五是大学生心理危机干预的预案研究。研究的范围都是从宏观理论层面进行探讨的，实践性、可操作性有待提高，特别是对大学生心理危机评定标准、大学生心理危机干预体系建设、大学生心理危机干预预案、大学生心理危机资源整合等问题较少进行深入研究。

（二）理论意义

一是可以进一步拓展心理健康研究的视野和心理健康教育的内涵。二是大学生心理危机及其相关因素的系统研究，特别是从实证角度进行研究，有利于补充国内在此方面研究的不足，促进心理危机和危机干预理论本身的完善，促进大学生心理学、心理卫生学等学科的完善和发展。三是对高校心理健康教育工作体系的重要完善，有利于提高大学生心理危机干预的有效性和科学性。从国内外的研究现状来看，专门以大学生为研究对象的系统化心理危机及危机干预策略的研究尚不多见。四是开展对心理危机干预的科学研究对大学生成长、维护高校安全稳定的校园环境具有现实性和实践性意义。

第三节　高校心理危机干预的重点与难点

一、理论体系的问题

目前，高校心理危机干预的开展主要依据危机干预与应激管理的相关理论体系，并没有太多专门针对高校和大学生实际的理论成果可供参考，也包括大学生群体性事件。大学生的心理危机的原因（学业、人际、情感、择业）、心理危机的特点、心理危机的强度、心理危机的类型、心理危机的后果和社会影响等与一般公共危机相比具有独特性，因而，干预方案和管理方法都应有所区别。其理论研究与体系的形成还需要进一步深入与完善。

二、操作层面的问题

操作层面的问题主要指谈话技术、干预技术等技术问题，这也是整个高校心理危机干预的重点和难点。

（一）谈话技术中的维度与要点

谈话是心理危机评估的主要技术，现就危机评估中的谈话需把握的维度进行分析。

1. 抑郁水平的维度

抑郁的一种常见表现是远离朋友、家人和惯常的活动。因此，咨询者应该确定来访者是否对以前喜欢的活动失去了兴趣和快感，倾听以寻找他们从朋友和家人那里撤回情感的迹象。咨询者需要从了解来访者的人中获得更多诸如社会性退行和孤立等方面信息。抑郁通常伴随着大量的躯体变化，包括睡眠、食欲以及精神性运动的变化（显著的迟缓或神经焦虑）。另外，性兴趣和动机也常常大幅下降。因此，要考察其睡眠的模式有没有变化，最近体重有没有增减，近期的交往模式有没有变化，食欲如何，性活动怎么样，观察来访者的行为，看其有没有迟缓的躯体动作和语言，或者恰恰相反可能表现出的激动和不安。咨询者还需要评估来访者的认知变化。抑郁的认知信号可能包括思维迟缓、记忆丧失和注意困难。来访者可能在做出决断和解决问题方面存在困难。

2. 无助感程度的维度

无助感也是要考察的重要体验之一。从来访者的视角来看，无助感可能表明一种情绪或想法，他们无法使自己变得感觉好过一点。当他们表达自己的无助感时，这是向咨询者的一种间接求助。可能有更极端的、绝望的来访者认为没有任何人能够帮助他们，而且未来没有提供任何好的转变的可能。

3. 价值感和罪恶感程度的维度

咨询者还必须了解个别来访者是否认为他们自己是毫无价值的，或者他们是否体验到了过度的有罪感。“正常的”或短暂的悲伤不包括过度的、持续的或反复的没有价值或罪恶的念头和感觉。如果有重大的绝望、无助、没有价值或罪恶的想法和感觉出现，咨询者应该确定这些想法和感觉持续的时间，出现的频率及强度。

（二）心理测量技术中的难点与要点

从心理测量的角度来说，没有专门的心理量表来评估个体心理危机的程度和具体状态，一般都是通过抑郁、焦虑等情绪的程度来间接评估。最常见的是评价当事者的抑郁程度，用抑郁量表进行直接测评，根据抑郁程度，如中度或重度来预判。如果没有心理测量的条件，如设备的缺乏或当事者配合度的问题等可以采取投射的方式来测量。比如，可以询问来访者感觉如何：悲伤、惊恐、快乐、绝望？可以给来访者一个 1 ～ 10 点的量表，用 1 表示充满希望，用 10 表示毫无希望，然后让他们自己评估希望的水平。也可以用心境亮度法，即教来访者用颜色来表示他的心境亮度，亮色为良好的心境，暗色为抑郁的心境。

三、采用标准的问题

关于大学生心理危机的评定标准问题，目前学术界并没有统一的、科学的危机评定标准，一般以“危机特征”取代评定标准，如从认知、情绪、身体和行为四个方面的特征判定心理危机。主要有三个方面的标准需要进一步研究。

（1）大学生心理危机因子的归类。大学生心理危机预警体系是危机干预中非常关键的子体系，是一个监测个体状况，获取预警信息，分析预警指标，评价危机严重程度，发出危机警报的过程。只有发现并总结引起大学生心理危机的事件中的因子才能有针对性地解决。

（2）心理危机干预因子的筛选。大学生心理危机干预系统机制的建设，其核心是要预设干预因子，这些因子的科学建立，就能有效地、有目的地构建相关工作体系。例如，危机干预方法、危机的社会支持、危机源因素、个体危机应对、危机干预预警、危机干预方式等。

（3）大学生心理危机预警系统的构建。该系统的起点、过程、终点的设计和找寻，系统的构成、因素、维度都需要深入实证研究。

四、危机干预后的问题

无论用何种系统或方案，危机干预后的问题都不能忽略。

（一）确保安全策略

辨别处在高危状态的个人和人群；与高危状态学生的家长或监护人联系；让现场之外的支持人员提供情况；如果有必要，在学校放学后，为家长或监护人提供热线电话联系；仔细记录所有事件；考虑在学校放学之后为家长召开讨论会（论坛）；为高危状态学生提供继续心理支持做安排；要注意专业工作组成员是否领悟正在做的一切等都要作为预后的关注点。

（二）必要的后干预

所谓后干预，是指在危机干预和应激管理完成后的某一个时间，要对当事人或相关人进行回访或调研，以进一步拓展危机干预的效果。因为真正有效的危机干预，不仅要帮助当事人解决当前的问题，更要关注危机与未来生活的关系。大学生心理危机干预是一个连续性、长期性的工作，心理危机干预机制中，一个重要的步骤是后干预，即强化效果的问题。心理危机干预后的学生暂时达到了心理平衡，但心理创伤的处理是一个长期过程，有些创伤留给当事人的是一种永久的伤害，随时可能反弹或爆发。大部分心理危机干预后的学生还面临着支持系统的恢复、心理状况的维护等问题。包括干预效果的跟踪评估，即对心理危机当事人的短期危机干预完成后，要在随后的一段时间内对当事人进行必要的监护和追踪观察，以预约咨询或随访咨询的形式，对学生的心理健康情况进行跟踪评估。这是确保当事人安全的必然要求，也可对干预策略和手段的可行性与有效性进行检

查和总结。还要持续开展干预后的心理治疗和心理辅导，以心理咨询师和精神科医生为主，通过心理治疗和心理辅导帮助学生恢复创伤前的认知、感情和行为的功能水平，减少以后长期的心理风险，使他们可以用一种健康、适当的方式处理损失，消除危机的不良影响。

五、危机干预工作者自身的问题与解决

和一般性危机干预相类似，在心理危机干预中，危机干预工作者由于自身的生活经验、情绪的成熟度、价值观、当下的心境等原因会在心理危机干预过程中存在一些问题。

（一）干预过程注意事项

干预过程中，应尽量避免生活经验的消极影响，用镇静、接纳的态度，以同理、热情和真诚的方式建立“助人关系”。比如，鼓励人们表达他们的不同感觉；避免使用一些没用的话，如“坚强一些”“一切都会好的”，这样的话通常只会加重个体孤独的感觉；注意不同文化背景下的人在表达情绪上的不同特点；为学生、教职员和心理支持人员提供一些小点心（橘子汁、饼干等）。通过这些来强化自身的职业感，建立职业自信，进而实现助人效果的最大化。

（二）干预效果的影响

很多时候，由于当事人的个体差异，专业的干预未必都能取得很好的效果，个别危机工作者就会出现困惑、挫折、愤怒、威胁、无能、缺乏自信等感受。这时需要其他专业人士的支持和协助，尽快恢复其自身的专业性。若与当事人匹配度过低，应考虑做辅助工作。

（三）干预后的调节

在心理危机干预过程中，心理危机干预工作者本身就是应激创伤的二级人群，不可避免地在经历心理干预后心理上会受到一定的影响。这时要及时引入督导，帮助心理危机干预工作者进行心理调节和恢复。

高校大学生心理危机干预是一项非常有意义的研究，也是一个全新的研究领域，更具深刻的实际意义。它包含心理危机的理论、个体的自我认知、心理危机预防与干预的具体策略、自杀及其干预、社会支持系统、危机中的自我成长等方面。因此，高校心理危机干预是具体而专业化程度要求较高的工作，健全的心理干预机构、有序的心理干预机制、专业的心理干预工作队伍以及完备的善后处理系统都是不可或缺的。高校要在充分了解大学生心理危机发生的规律、准确掌握信息的基础上，有效地进行危机预警和危机干预。

参考文献

[1] 白翠红 . 高校德育思维方式发展研究 [M]. 广州：中山大学出版社，2018.

[2] 程祥国，闵桂林 . 新时代大学生德育问题新探索 [M]. 南昌：江西高校出版社，2018.

[3] 高宁悦，刘金瑞，齐艳华，等 . 大学生心理健康教育 [M]. 长春：东北师范大学出版社，2019.

[4] 胡琦，陈海燕 . 高校德育社会化综论 [M]. 杭州：浙江大学出版社，2016.

[5] 李崇善 . 大学生健康教育教程 [M]. 沈阳：辽宁大学出版社，2011.

[6] 李容芳 . 当代大学生德育教程 [M]. 昆明：云南科技出版社，2012.

[7] 李尚卫，吴天武 . 普通心理学 [M]. 北京：北京师范大学出版社，2011.

[8] 瞿珍，瞿彬，李建华，等 . 大学生心理健康 [M]. 上海：华东理工大学出版社，2018.

[9] 谭仁杰 . 中国梦与高校德育 [M]. 武汉：武汉大学出版社，2016.

[10] 王娟 . 思想政治教育沟通研究 [M]. 北京：中国社会科学出版社，2011.

[11] 徐英杰，陈凯 . 大学生心理健康 [M]. 厦门：厦门大学出版社，2020.

[12] 郑永廷 . 思想政治教育方法论 [M]. 北京：高等教育出版社，2010.